AIKIDRÔLE 2

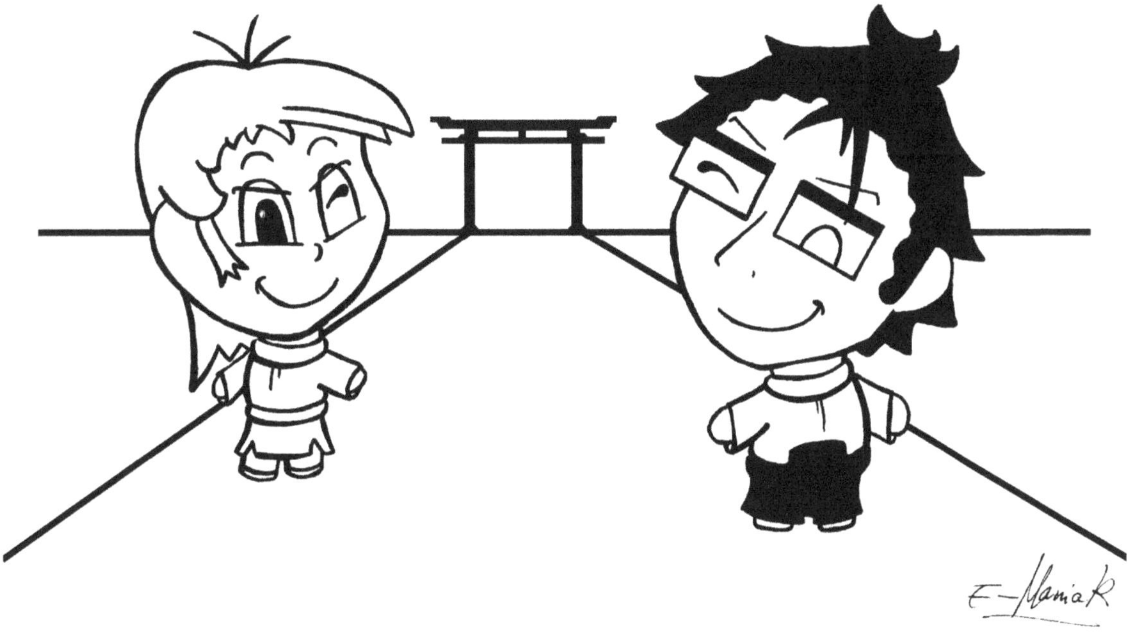

Droits

" Aikidrôle tome 2 "

Textes et dessins E-Maniak

EDITIONS XYZÈBRE
Genève - Suisse

Dépôt légal novembre 2014

Découvrez d'autres titres sur notre site !
www.xyzebre.ch

Déja paru : «Aikidrôle tome 1»

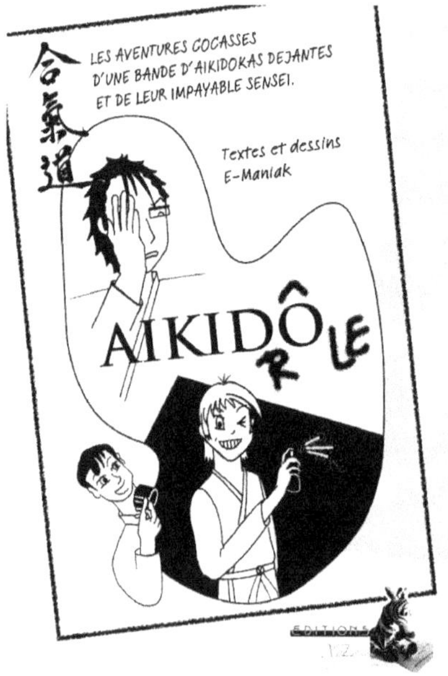
LES AVENTURES COCASSES D'UNE BANDE D'AIKIDOKAS DEJANTES ET DE LEUR IMPAYABLE SENSEI.
合氣道
Textes et dessins
E-Maniak
AIKIDÔ R LE

Avec le soutien du :

JUDO-CLUB DE GENÈVE

www.aikigeneve.ch

www.facebook.com/Judoclubdegeneve

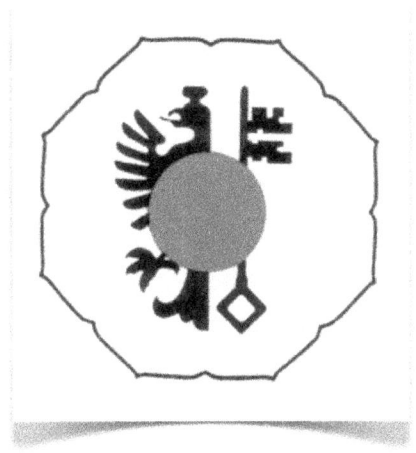

Judo – Aikido – Tai-chi – Qi Gong

enfants – adolescents – adultes

24 rue Goetz-Monin 1205 Genève

Téléphone : 022 321 20 03

info@aikigeneve.ch

Avec le soutien de :

ECOLE XYZÈBRE

www.xyzebre.ch

XyZèbre sur

Facebook – Twitter – Linkedin – Google+ – Instagram

cours d'art dessin – BD – manga – illustration
préparation aux examens des écoles d'art

10-12, bvd du Pont d'Arve – 1205 Genève
cours@xyzebre.ch

Présentation des principaux personnages

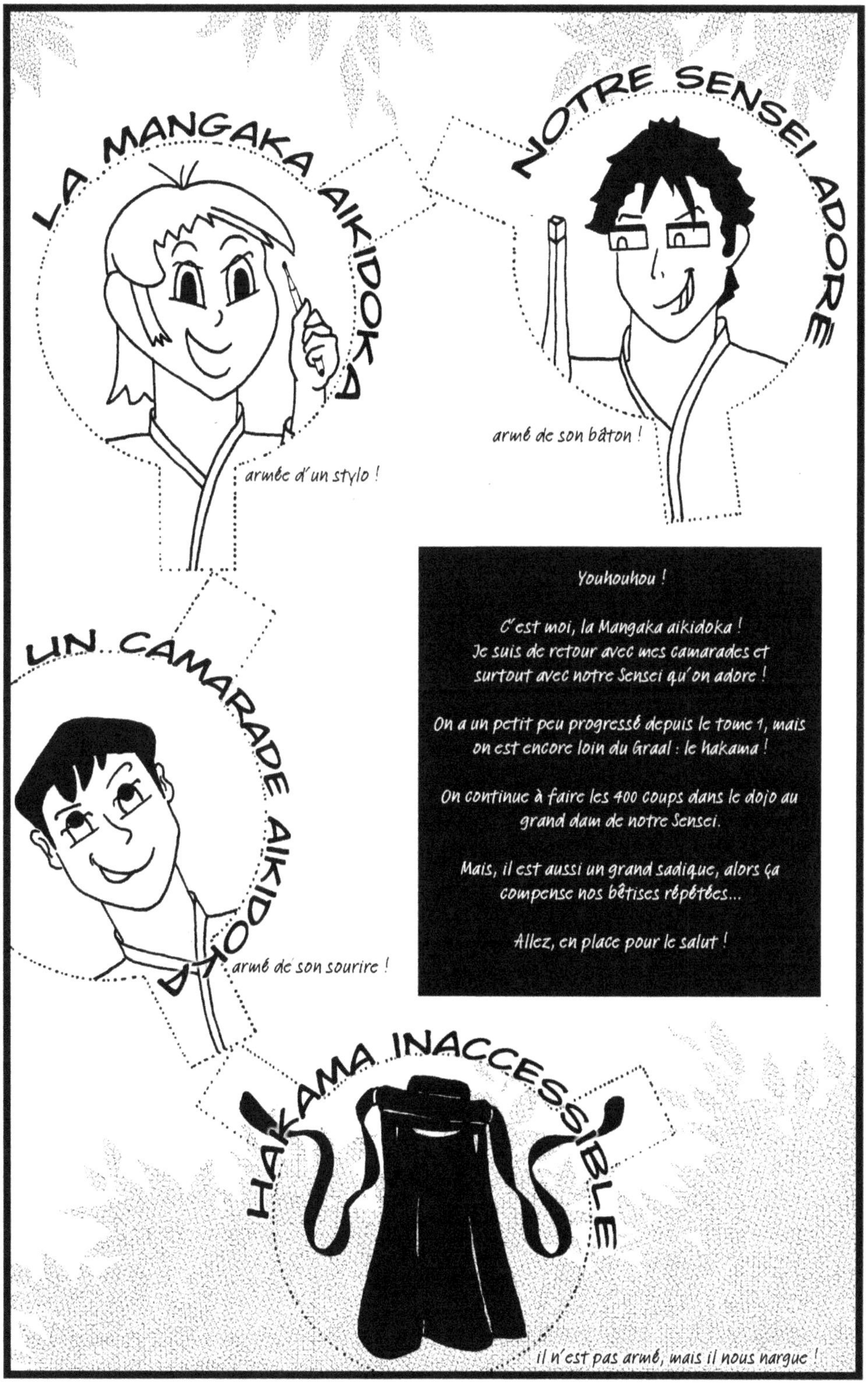
LA MANGAKA AIKIDOKA
armée d'un stylo !
NOTRE SENSEI ADORÉ
armé de son bâton !
UN CAMARADE AIKIDOKA
armé de son sourire !
HAKAMA INACCESSIBLE
il n'est pas armé, mais il nous nargue !

Youhouhou !

C'est moi, la Mangaka aikidoka !
Je suis de retour avec mes camarades et surtout avec notre Sensei qu'on adore !

On a un petit peu progressé depuis le tome 1, mais on est encore loin du Graal : le hakama !

On continue à faire les 400 coups dans le dojo au grand dam de notre Sensei.

Mais, il est aussi un grand sadique, alors ça compense nos bêtises répétées...

Allez, en place pour le salut !

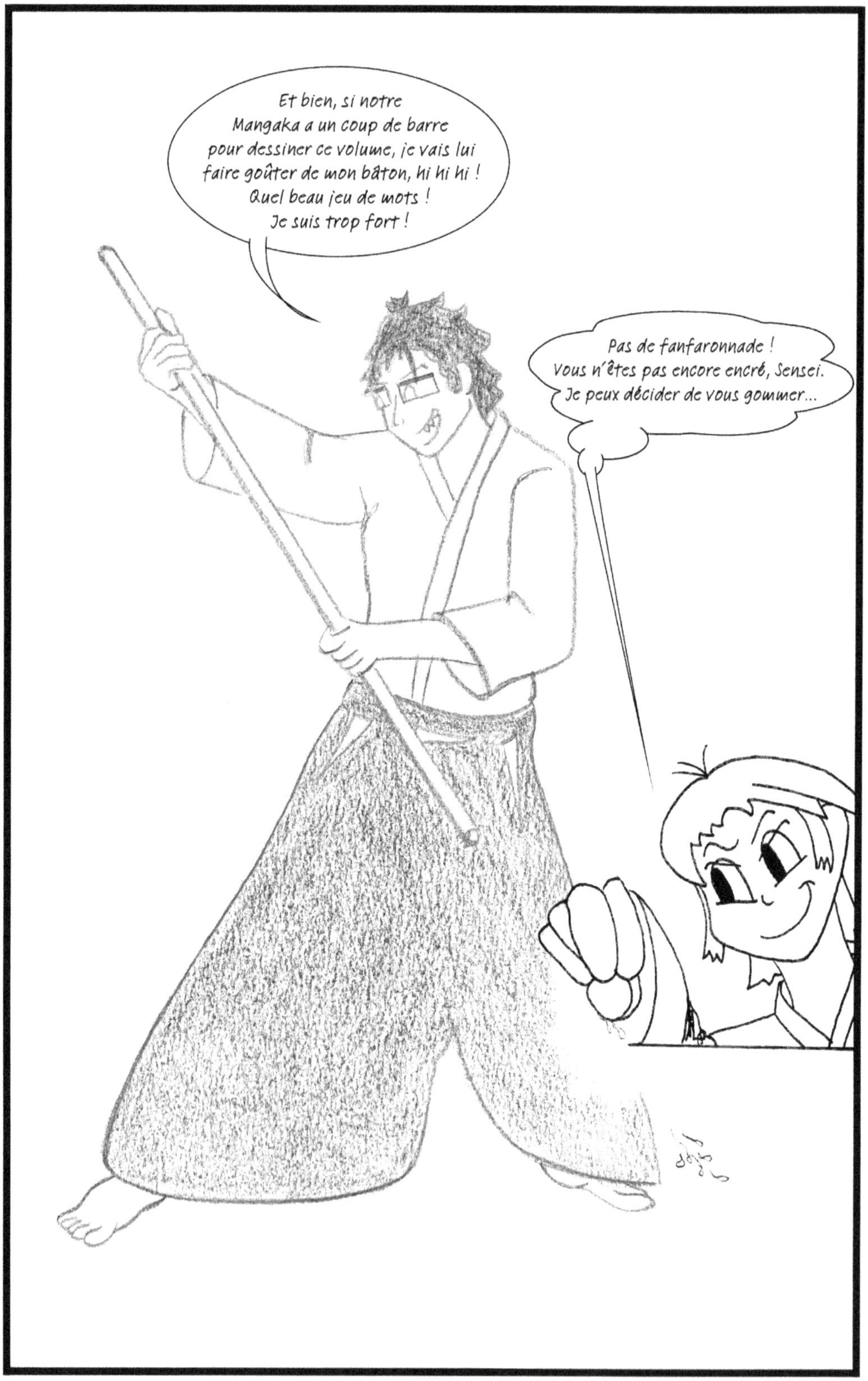
Et bien, si notre Mangaka a un coup de barre pour dessiner ce volume, je vais lui faire goûter de mon bâton, hi hi hi ! Quel beau jeu de mots ! Je suis trop fort !
Pas de fanfaronnade ! Vous n'êtes pas encore encré, Sensei. Je peux décider de vous gommer...

La nuit porte conseil

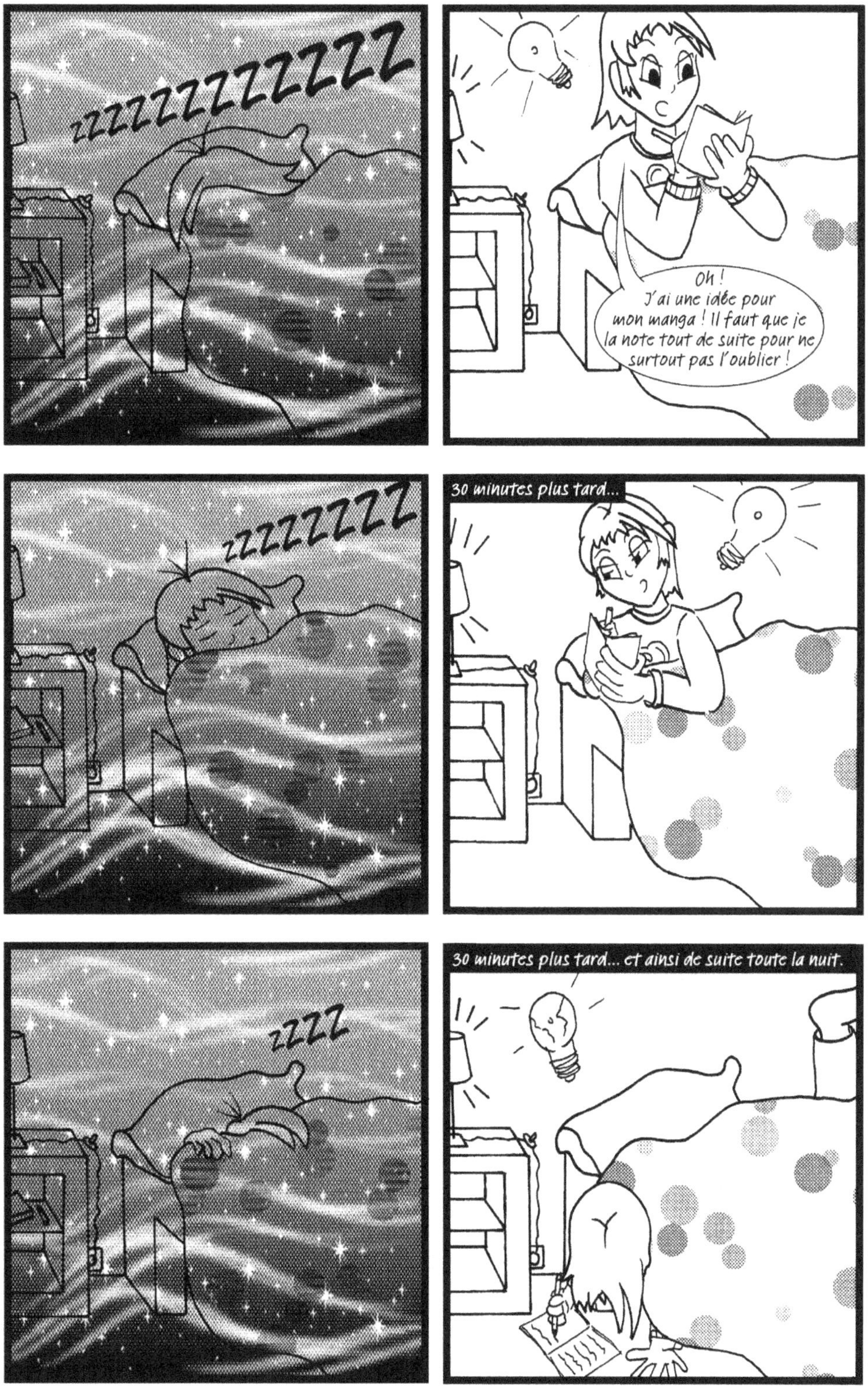

zZZZZZZZZZZZ
Oh ! J'ai une idée pour mon manga ! Il faut que je la note tout de suite pour ne surtout pas l'oublier !
zZZZZZZZ
30 minutes plus tard...
zZZZ
30 minutes plus tard... et ainsi de suite toute la nuit.

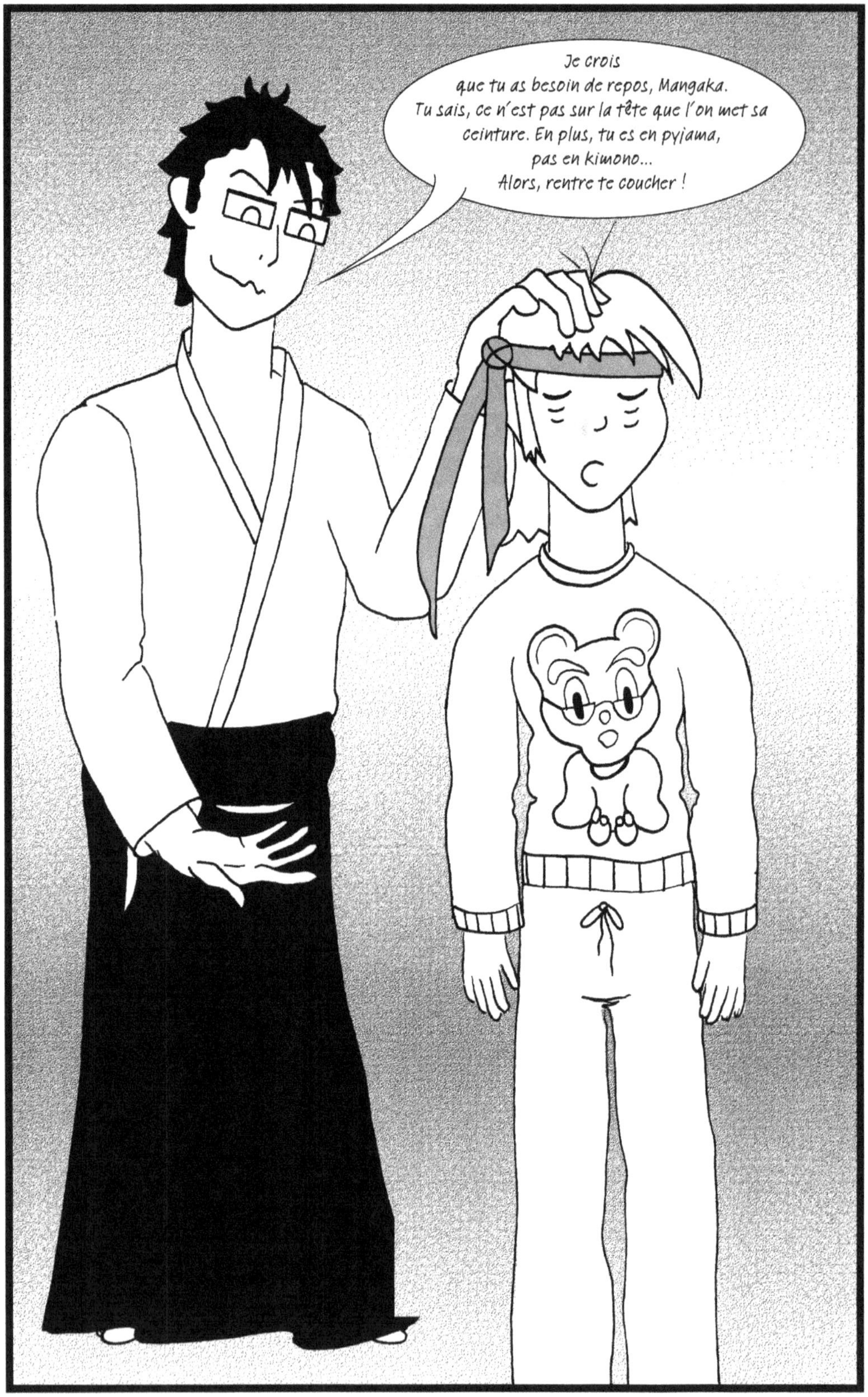
Je crois
que tu as besoin de repos, Mangaka.
Tu sais, ce n'est pas sur la tête que l'on met sa
ceinture. En plus, tu es en pyjama,
pas en kimono...
Alors, rentre te coucher !

Chut ! On chute...

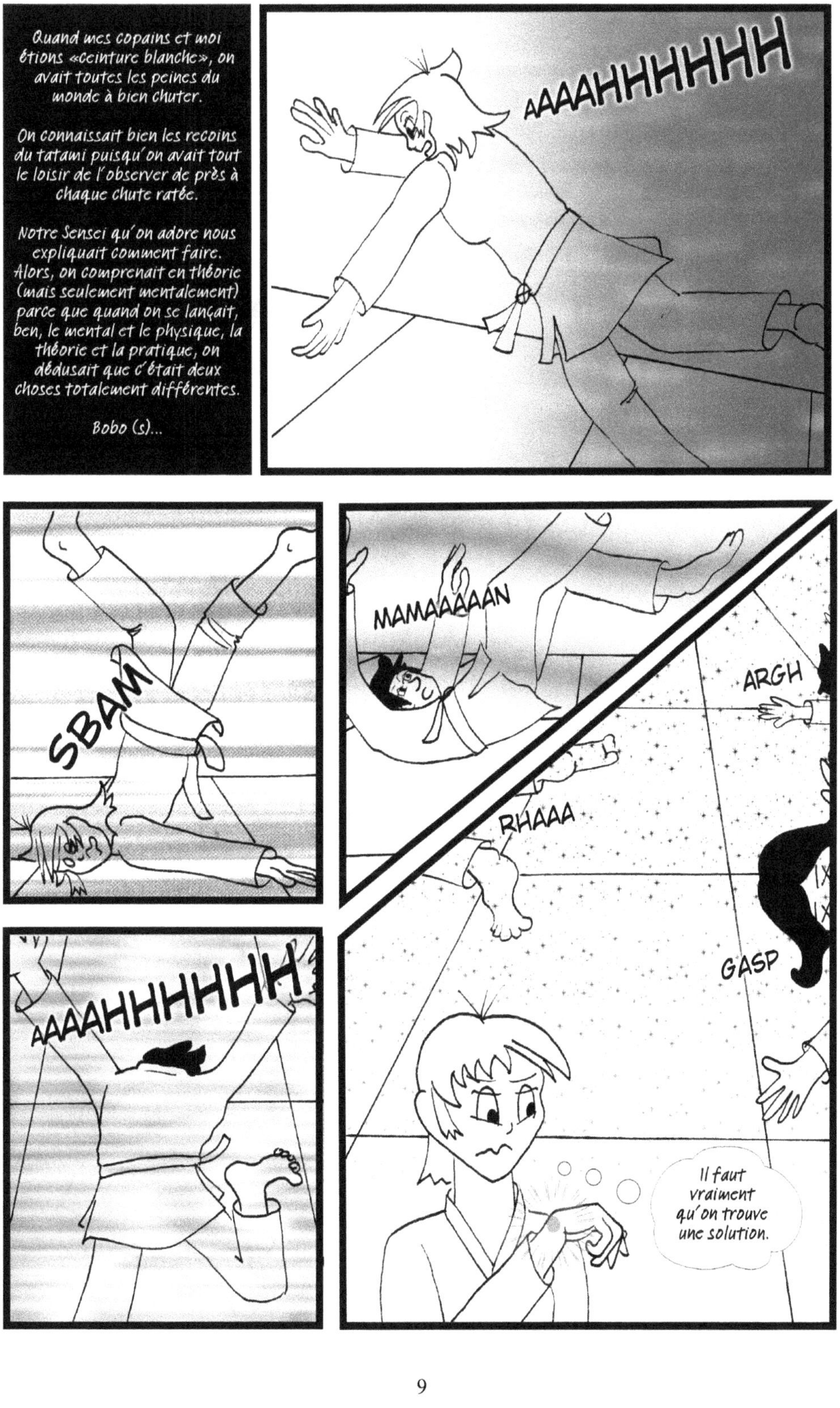
Quand mes copains et moi étions «ceinture blanche», on avait toutes les peines du monde à bien chuter.
On connaissait bien les recoins du tatami puisqu'on avait tout le loisir de l'observer de près à chaque chute ratée.
Notre Sensei qu'on adore nous expliquait comment faire. Alors, on comprenait en théorie (mais seulement mentalement) parce que quand on se lançait, ben, le mental et le physique, la théorie et la pratique, on déduisait que c'était deux choses totalement différentes.
Bobo (s)...
AAAAHHHHHHH
SBAM
MAMAAAAAN
ARGH
RHAAA
GASP
AAAAHHHHHHH
Il faut vraiment qu'on trouve une solution.

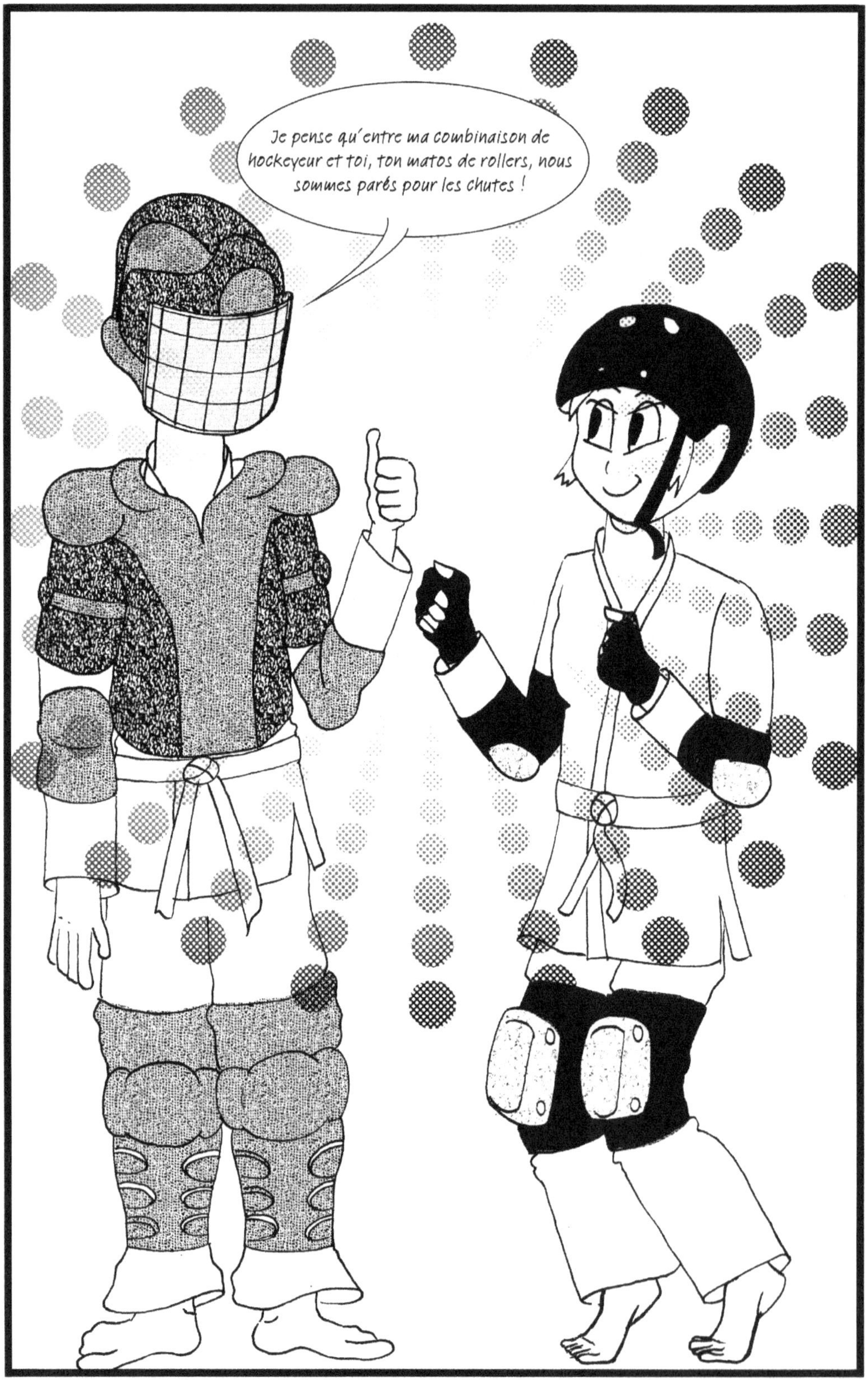
Je pense qu'entre ma combinaison de hockeyeur et toi, ton matos de rollers, nous sommes parés pour les chutes !

Le clap de fin

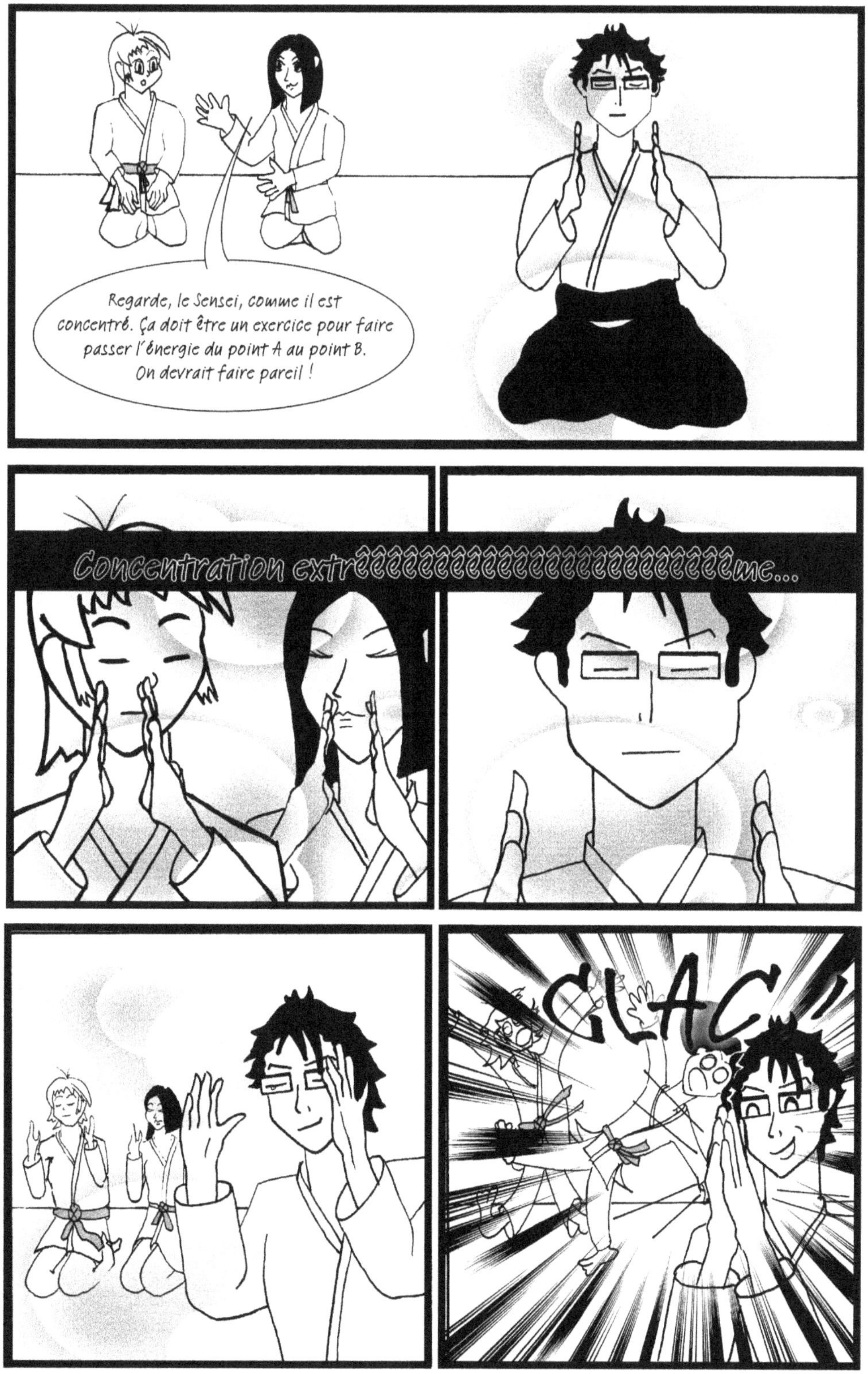
Regarde, le Sensei, comme il est concentré. Ça doit être un exercice pour faire passer l'énergie du point A au point B. On devrait faire pareil !
Concentration extrêêêêêêêêêêêêêêêêêêêêêêêêêême...
CLAC

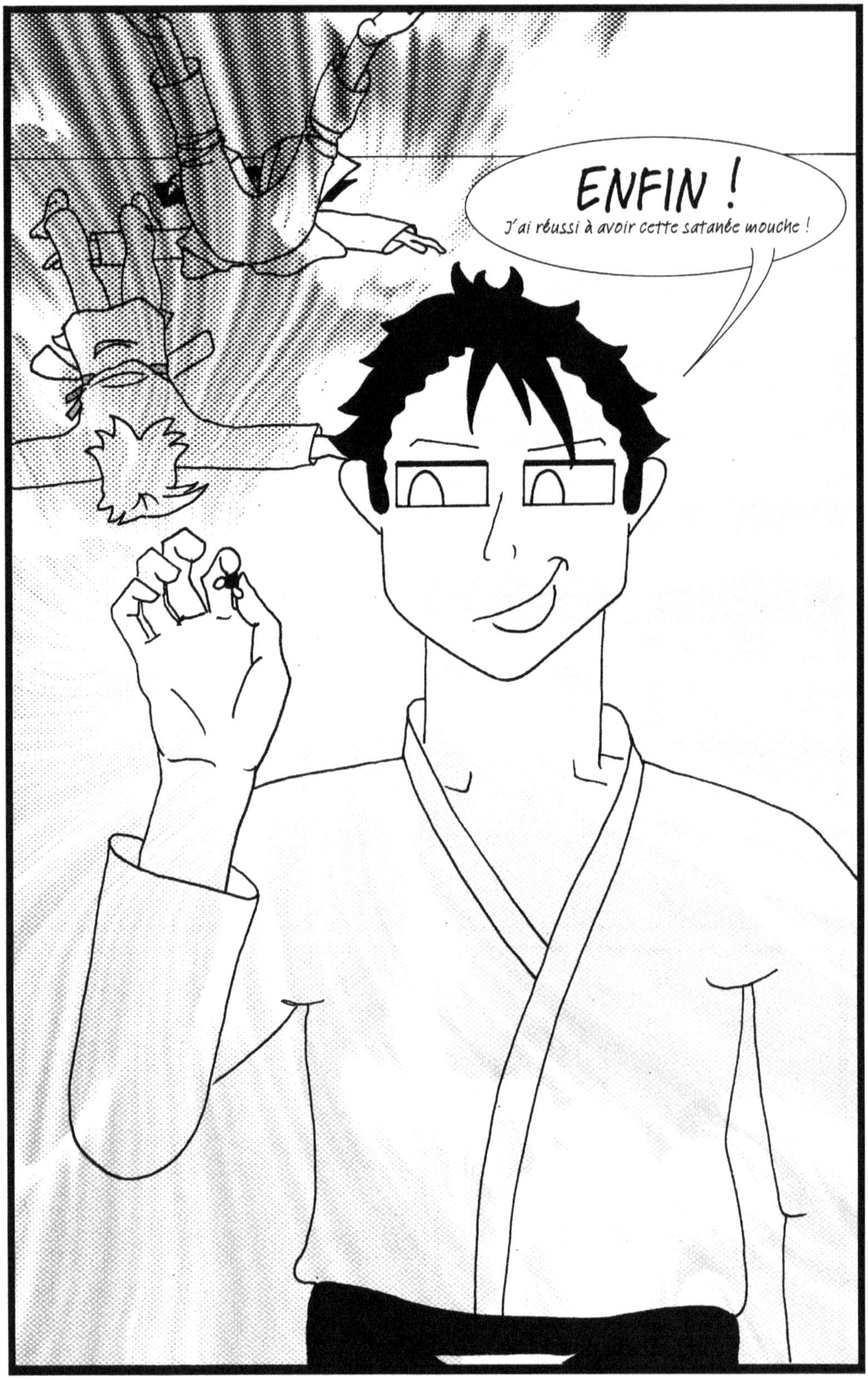
ENFIN !
J'ai réussi à avoir cette satanée mouche !

Taille unique

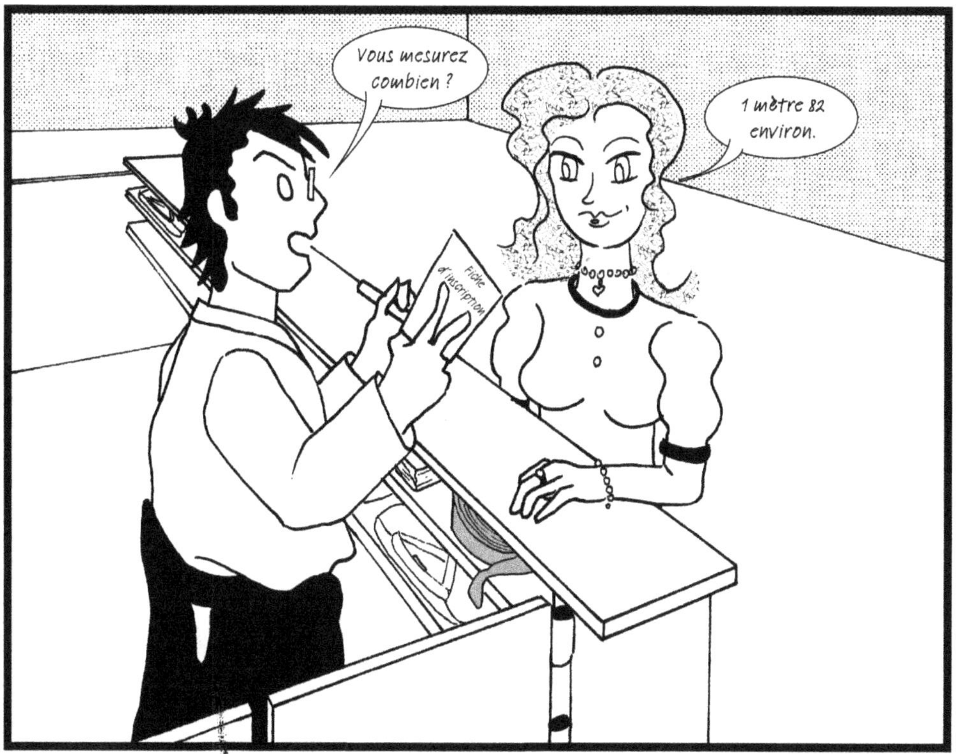
Vous mesurez combien ?
Fiche d'inscription
1 mètre 82 environ.

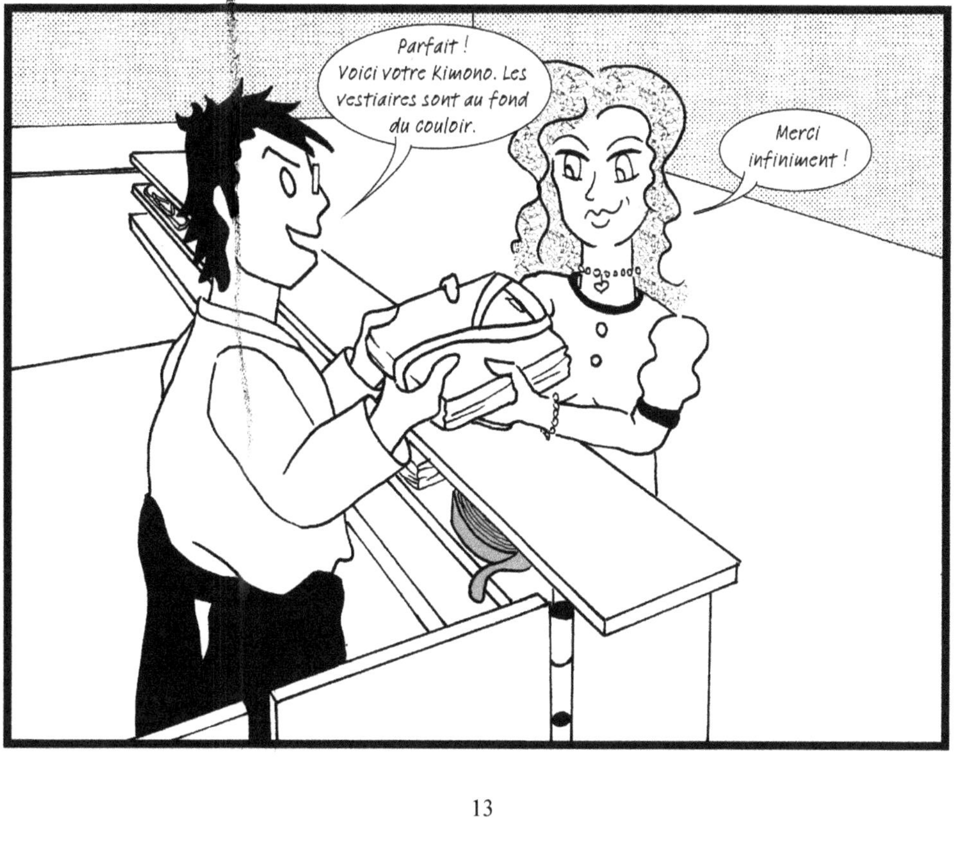
Parfait ! Voici votre Kimono. Les vestiaires sont au fond du couloir.
Merci infiniment !

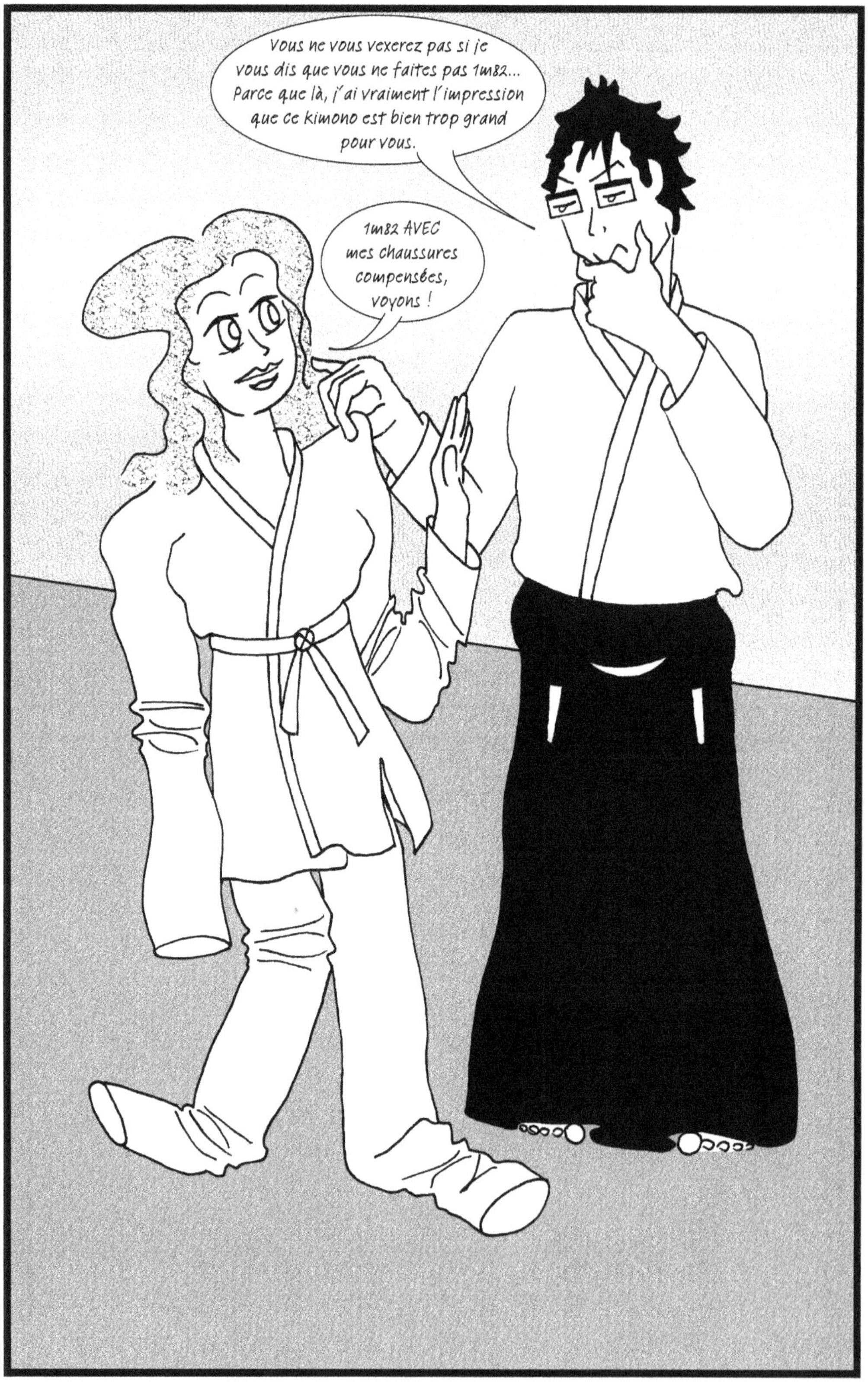
Vous ne vous vexerez pas si je vous dis que vous ne faites pas 1m82... Parce que là, j'ai vraiment l'impression que ce kimono est bien trop grand pour vous.
1m82 AVEC mes chaussures compensées, voyons !

Une journée de chien

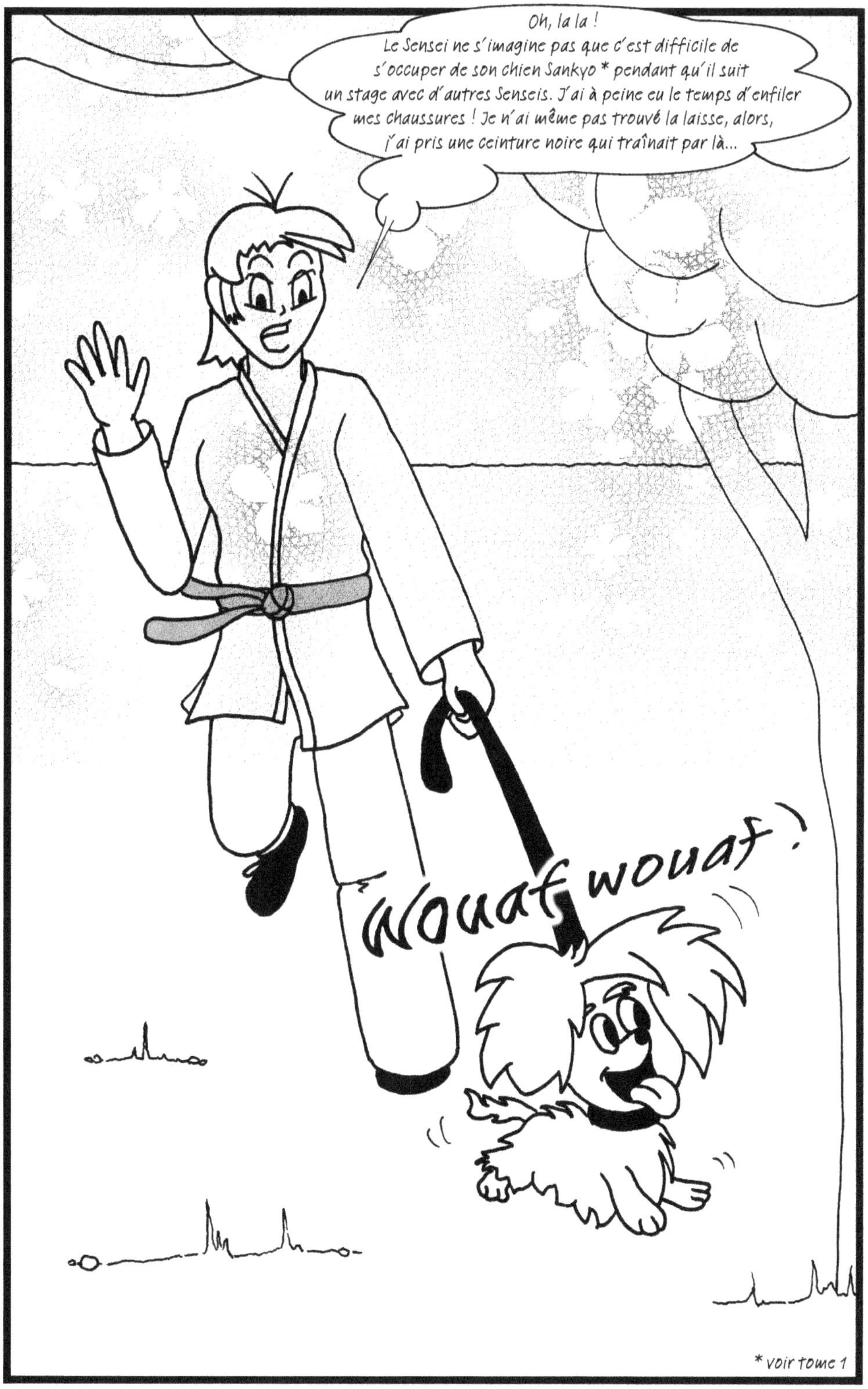

Oh, la la ! Le Sensei ne s'imagine pas que c'est difficile de s'occuper de son chien Sankyo * pendant qu'il suit un stage avec d'autres Senseis. J'ai à peine eu le temps d'enfiler mes chaussures ! Je n'ai même pas trouvé la laisse, alors, j'ai pris une ceinture noire qui traînait par là...
Wouaf wouaf !
* voir tome 1

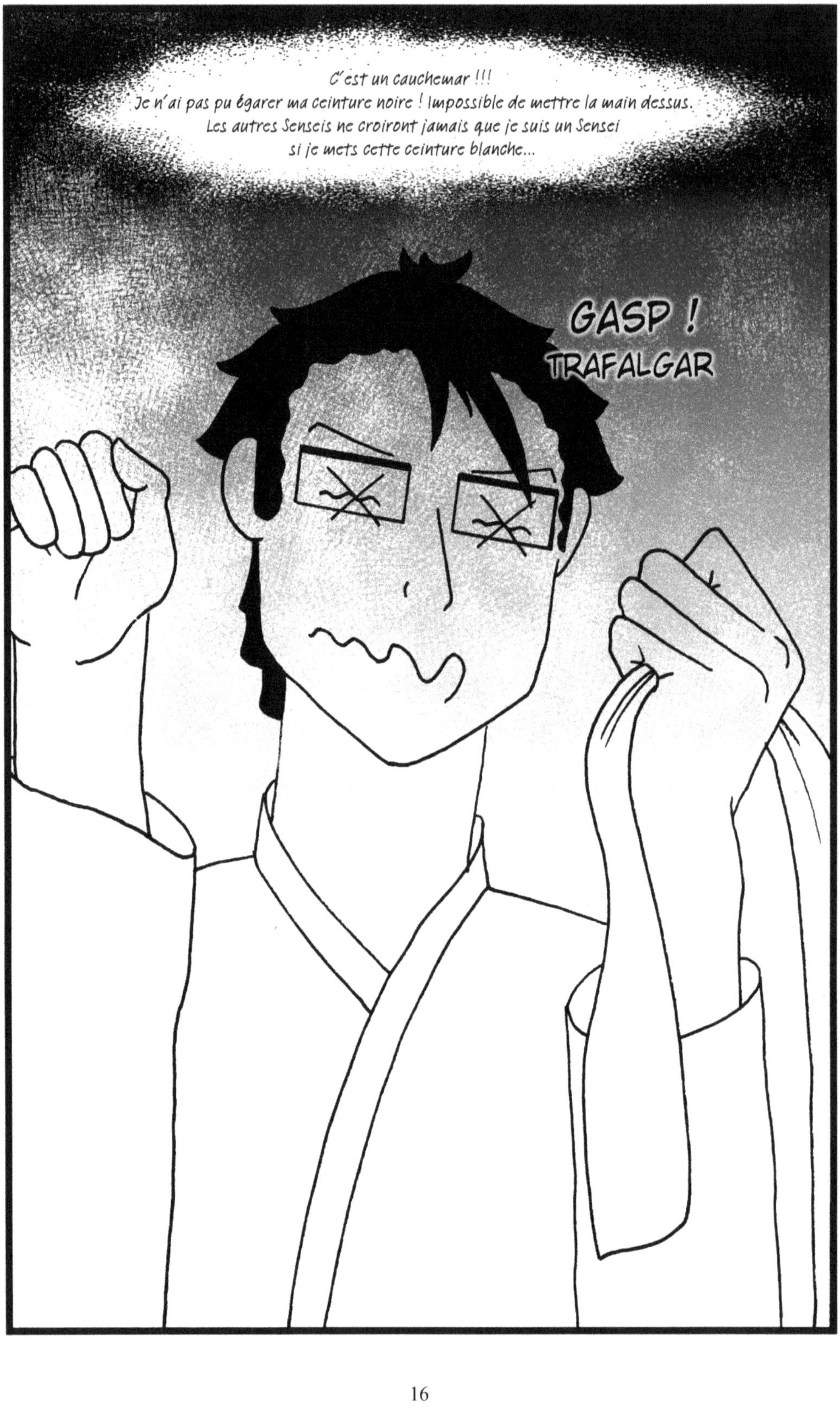
C'est un cauchemar !!!
Je n'ai pas pu égarer ma ceinture noire ! Impossible de mettre la main dessus.
Les autres Senseis ne croiront jamais que je suis un Sensei
si je mets cette ceinture blanche...
GASP !
TRAFALGAR

Allez, les bleus !

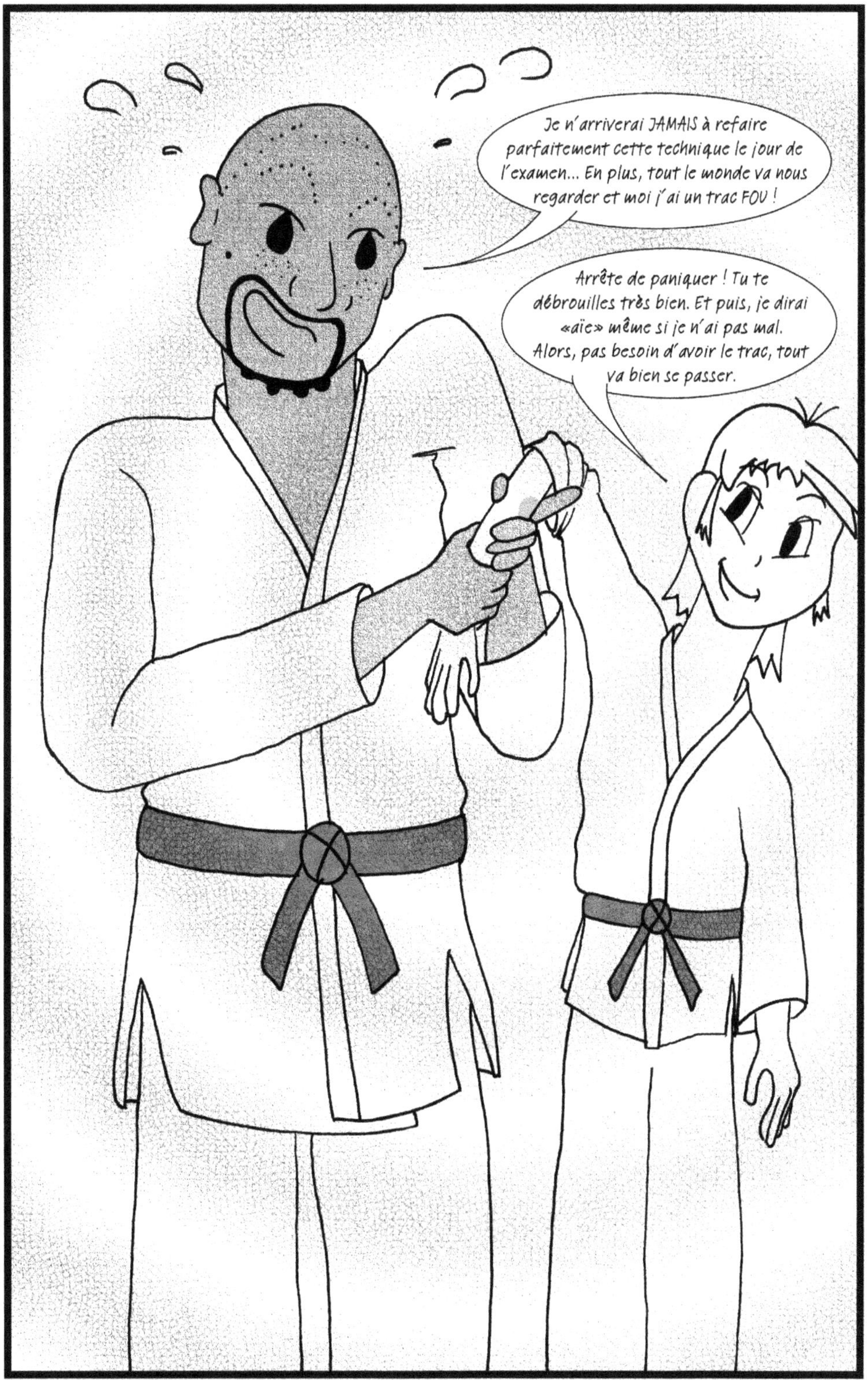
Je n'arriverai JAMAIS à refaire parfaitement cette technique le jour de l'examen... En plus, tout le monde va nous regarder et moi j'ai un trac FOU !
Arrête de paniquer ! Tu te débrouilles très bien. Et puis, je dirai «aïe» même si je n'ai pas mal. Alors, pas besoin d'avoir le trac, tout va bien se passer.

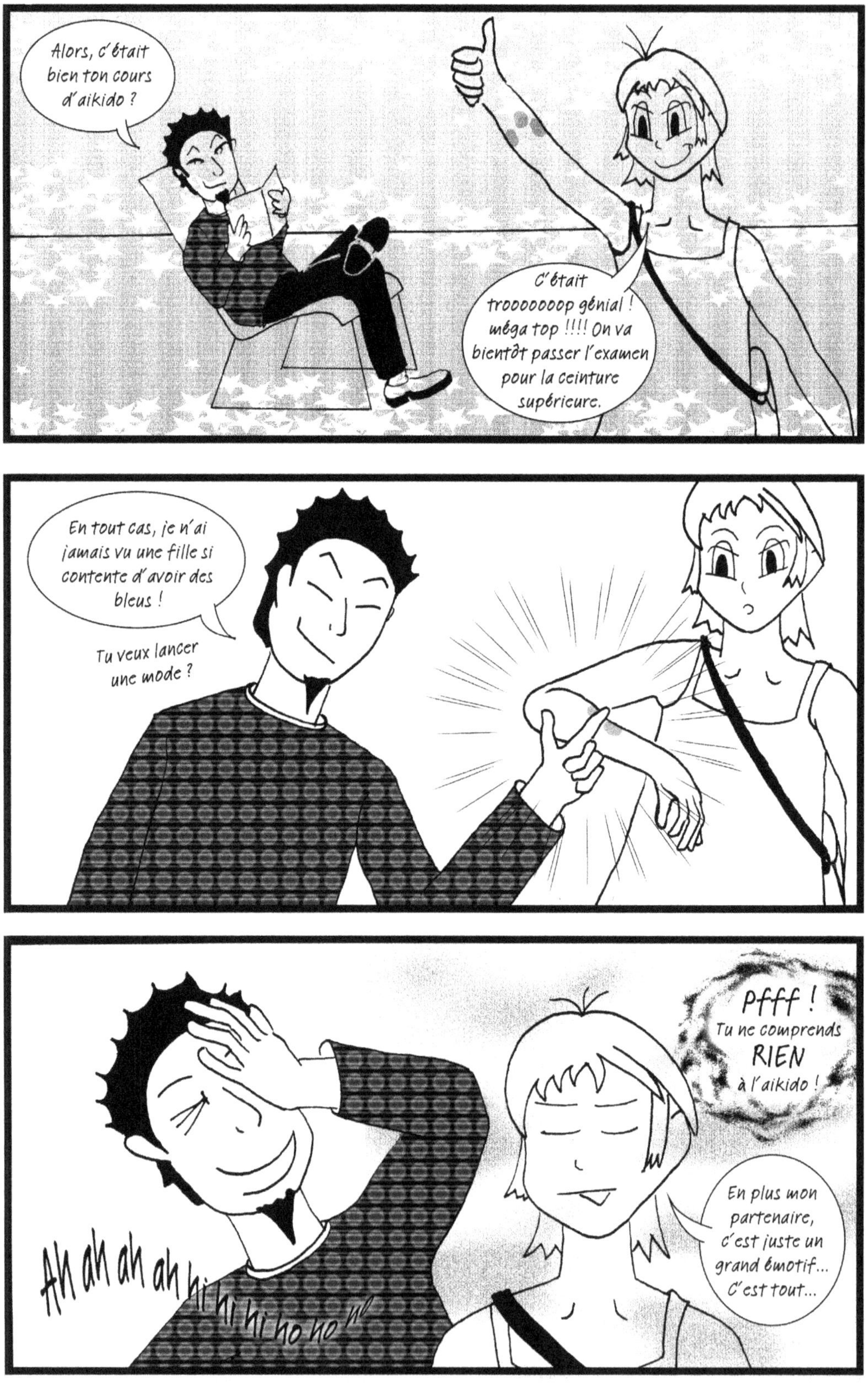
Alors, c'était bien ton cours d'aikido ?
C'était trooooooop génial ! méga top !!!! On va bientôt passer l'examen pour la ceinture supérieure.
En tout cas, je n'ai jamais vu une fille si contente d'avoir des bleus !
Tu veux lancer une mode ?
Ah ah ah ah hi hi hi hi ho ho
Pfff ! Tu ne comprends RIEN à l'aikido !
En plus mon partenaire, c'est juste un grand émotif... C'est tout...

On se serre la ceinture

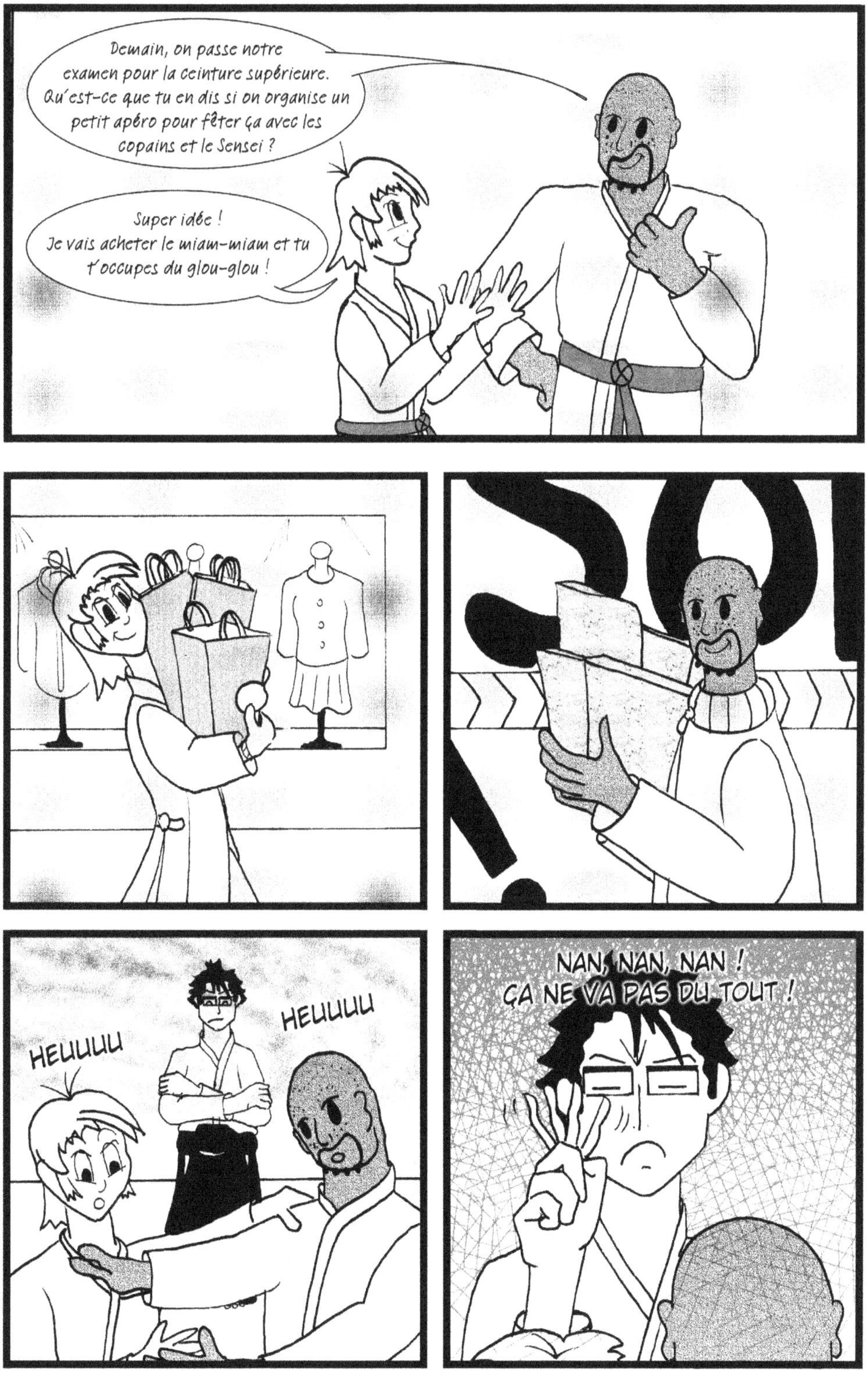
Demain, on passe notre examen pour la ceinture supérieure. Qu'est-ce que tu en dis si on organise un petit apéro pour fêter ça avec les copains et le Sensei ?
Super idée ! Je vais acheter le miam-miam et tu t'occupes du glou-glou !
HEUUUU
HEUUUU
NAN, NAN, NAN ! ÇA NE VA PAS DU TOUT !

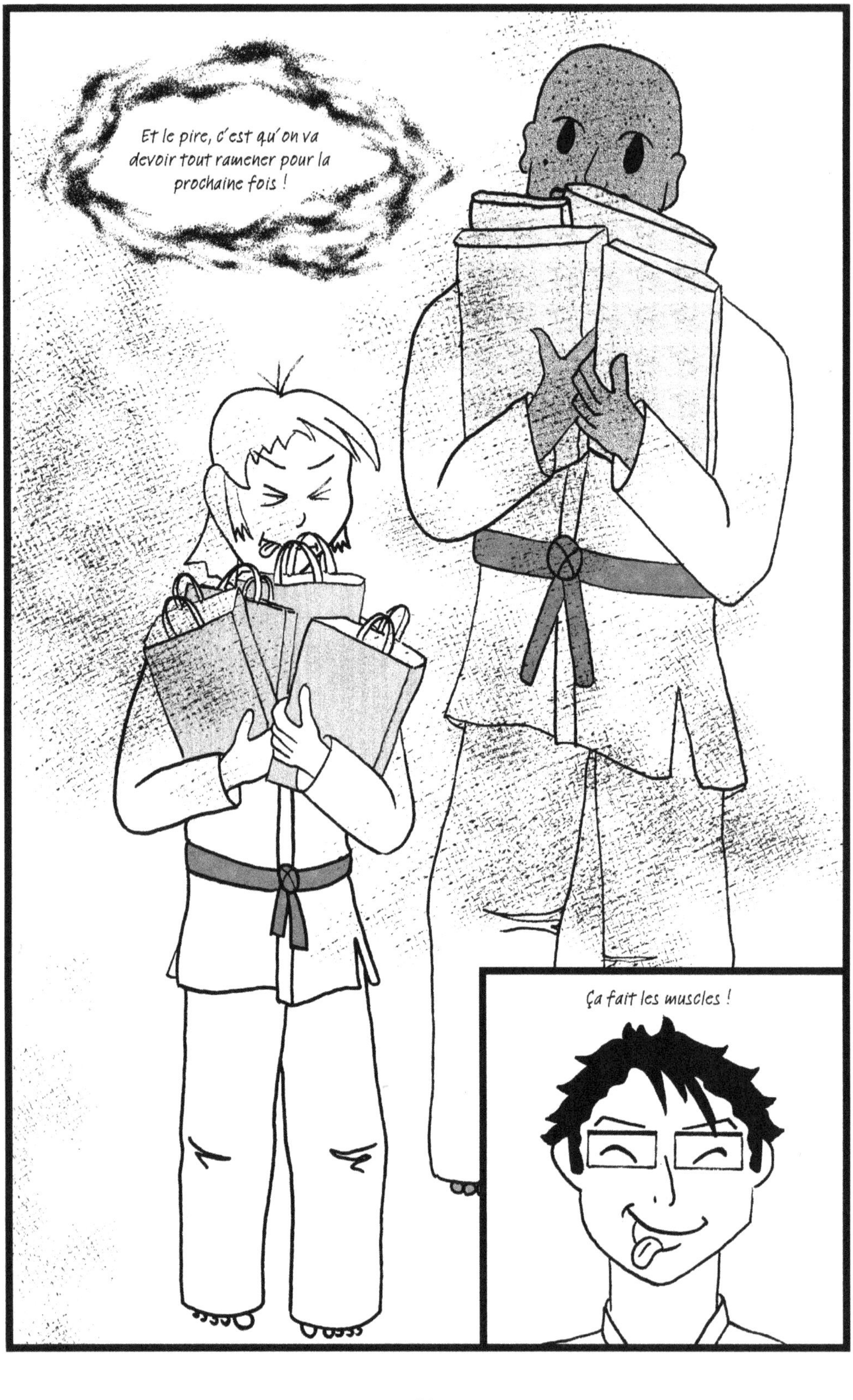
Et le pire, c'est qu'on va devoir tout ramener pour la prochaine fois !
Ça fait les muscles !

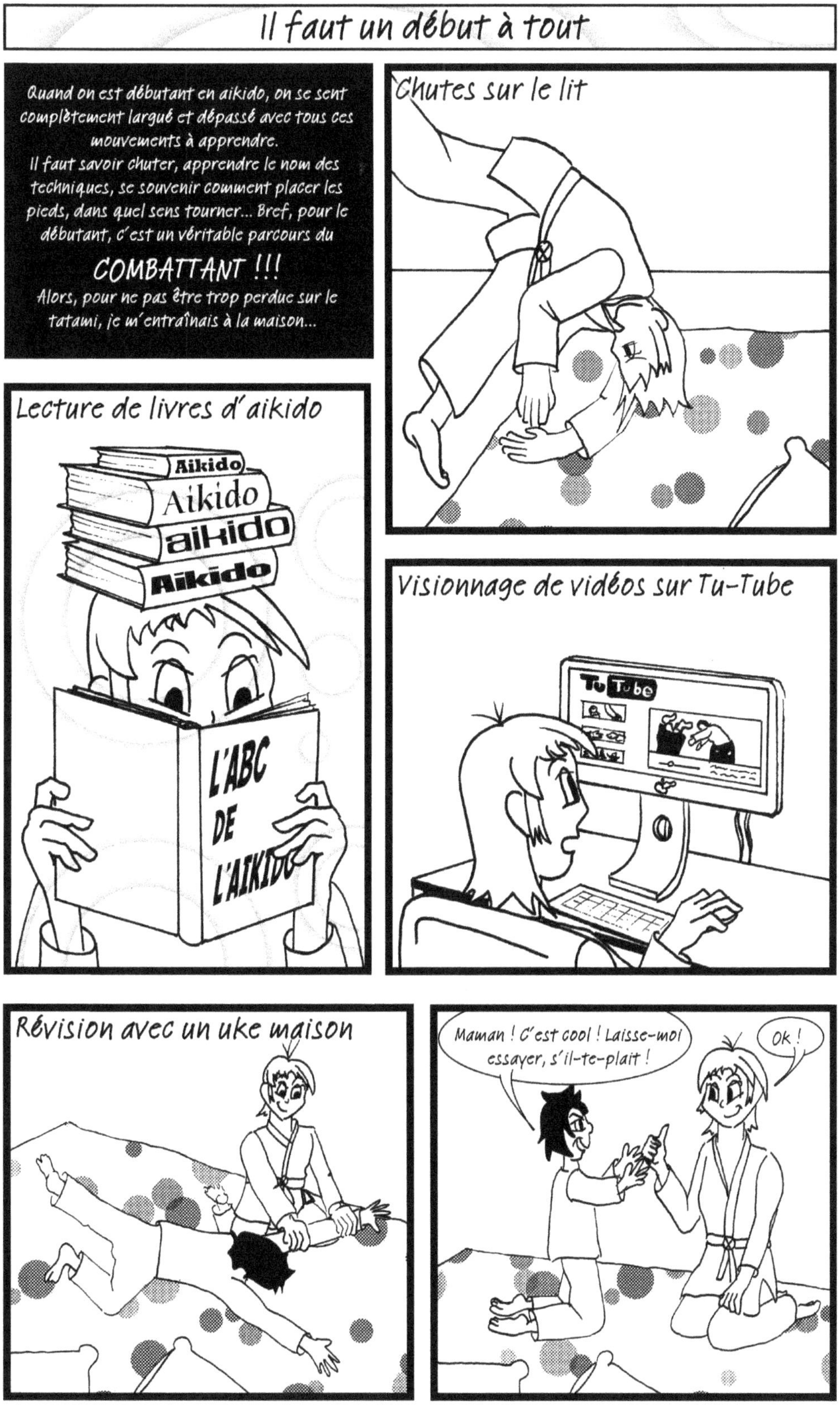
Il faut un début à tout
Quand on est débutant en aikido, on se sent complètement largué et dépassé avec tous ces mouvements à apprendre.
Il faut savoir chuter, apprendre le nom des techniques, se souvenir comment placer les pieds, dans quel sens tourner... Bref, pour le débutant, c'est un véritable parcours du
COMBATTANT !!!
Alors, pour ne pas être trop perdue sur le tatami, je m'entraînais à la maison...
Chutes sur le lit
Lecture de livres d'aikido
Aikido
Aikido
aikido
Aikido
L'ABC DE L'AIKIDO
Visionnage de vidéos sur Tu-Tube
Tu Tube
Révision avec un uke maison
Maman ! C'est cool ! Laisse-moi essayer, s'il-te-plait !
Ok !

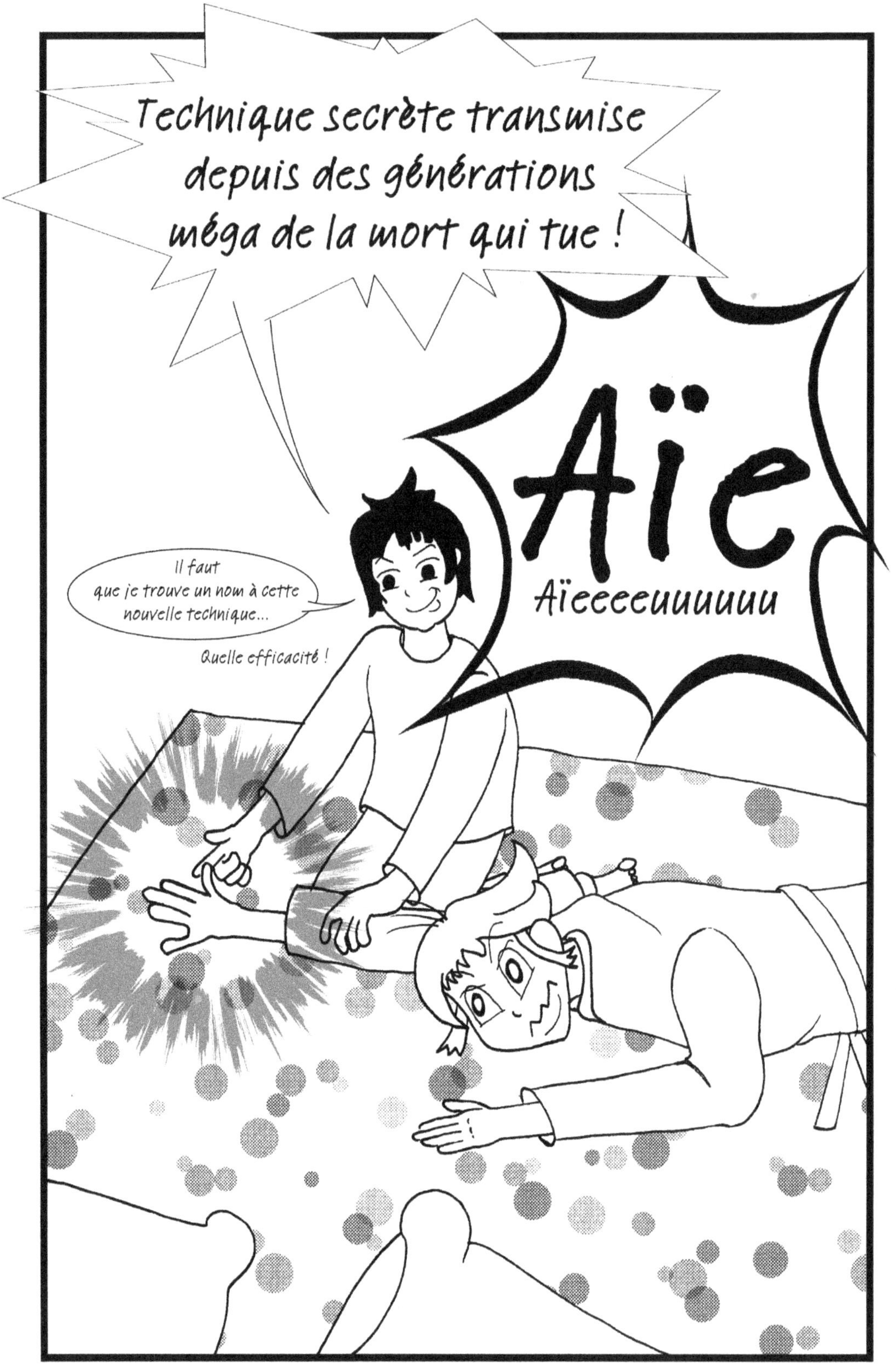
Technique secrète transmise depuis des générations méga de la mort qui tue !
Aïe
Aïeeeeuuuuuu
Il faut que je trouve un nom à cette nouvelle technique...
Quelle efficacité !

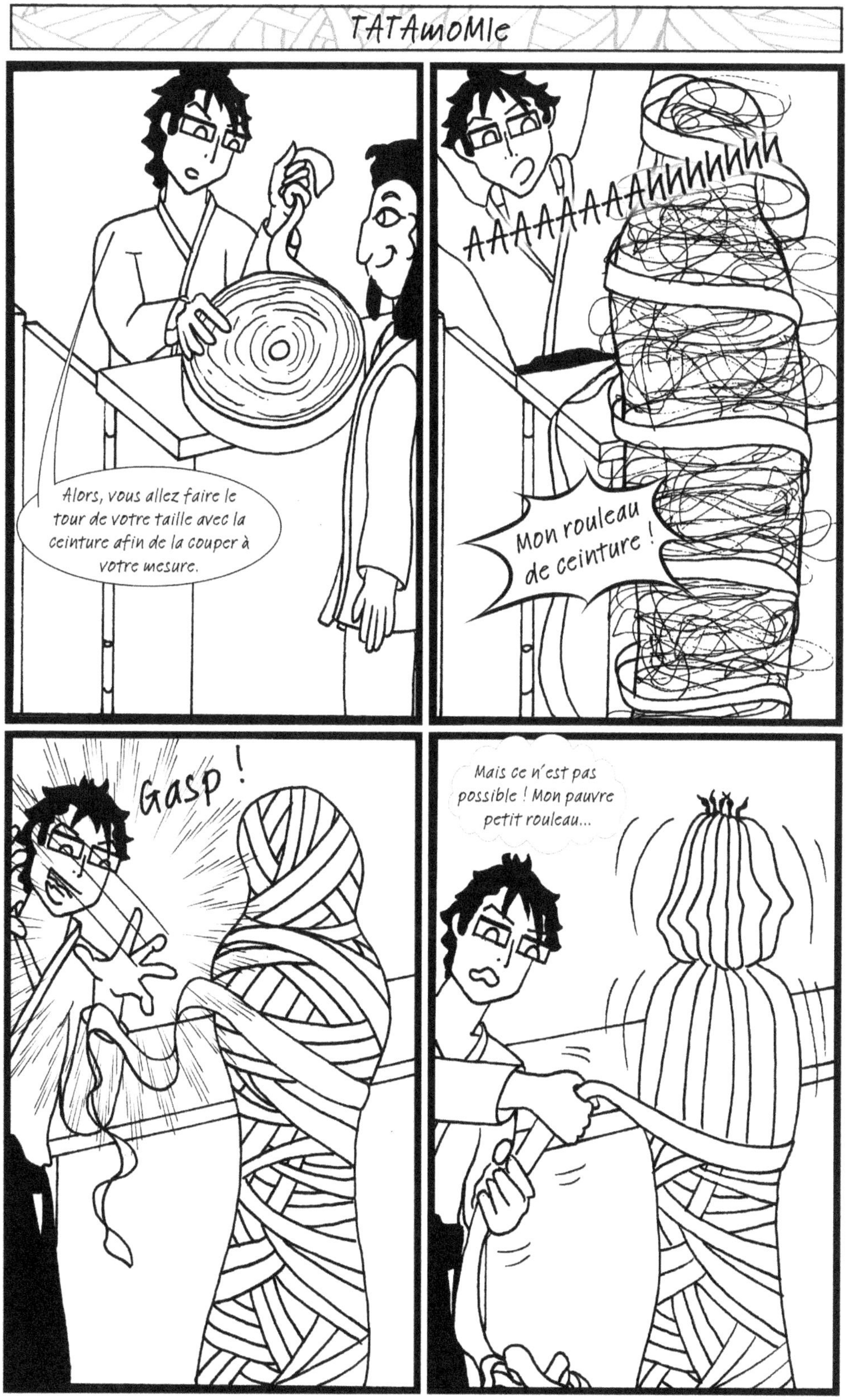
TATAMOMIE
Alors, vous allez faire le tour de votre taille avec la ceinture afin de la couper à votre mesure.
AAAAAAAAhhhhhhh
Mon rouleau de ceinture !
Gasp !
Mais ce n'est pas possible ! Mon pauvre petit rouleau...

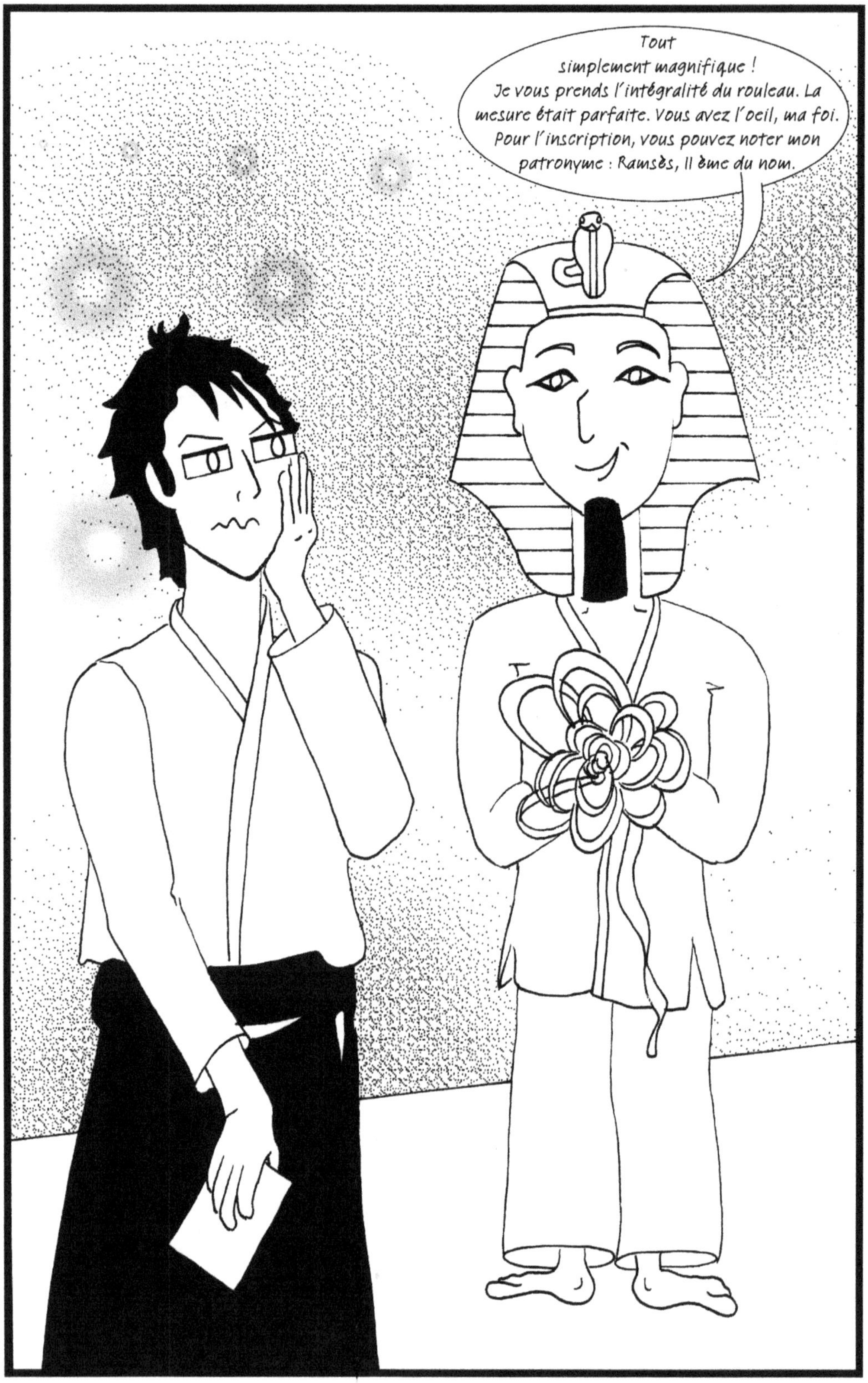
Tout simplement magnifique ! Je vous prends l'intégralité du rouleau. La mesure était parfaite. Vous avez l'oeil, ma foi. Pour l'inscription, vous pouvez noter mon patronyme : Ramsès, II ème du nom.

Paranoïa d'aikidokas

Vous imaginez bien qu'on ne se promène pas en kimono dans la rue...

Surtout l'hiver.

Donc, quand on arrive à l'entraînement, on se change dans les vestiaires et dans notre dojo, ceux des filles sont tout au bout du couloir.

Alors, quand la porte est ouverte, ben les garçons peuvent entrevoir les filles qui se changent.

C'est énervant, car, nous, on pense que c'est fait exprès parce que les garçons, c'est bien connu, ben, ce sont tous des voyeurs !

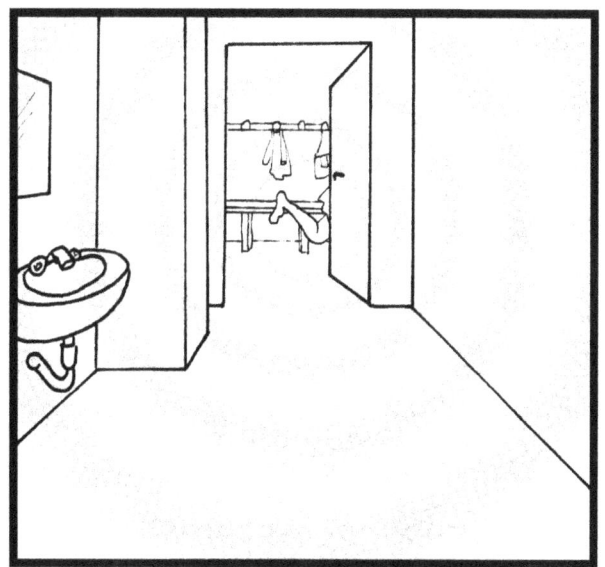

Cette porte, elle est vraiment mal placée !

Y a pire : c'est peut-être un miroir sans tain...

GRRRRRRRRRRRRRRRRRRRRRRRRRRRRRRR

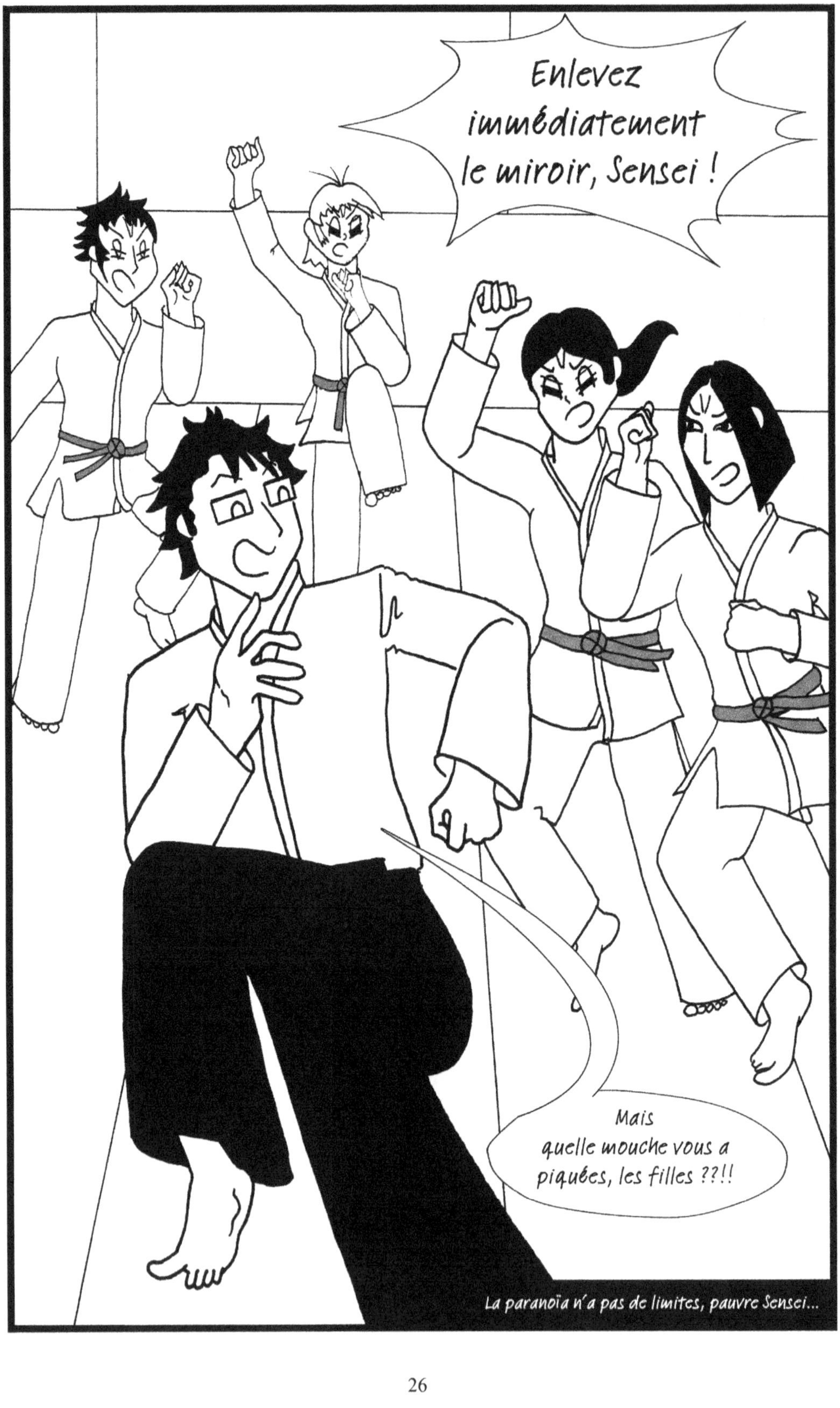
Enlevez immédiatement le miroir, Sensei !
Mais quelle mouche vous a piquées, les filles ??!!
La paranoïa n'a pas de limites, pauvre Sensei...

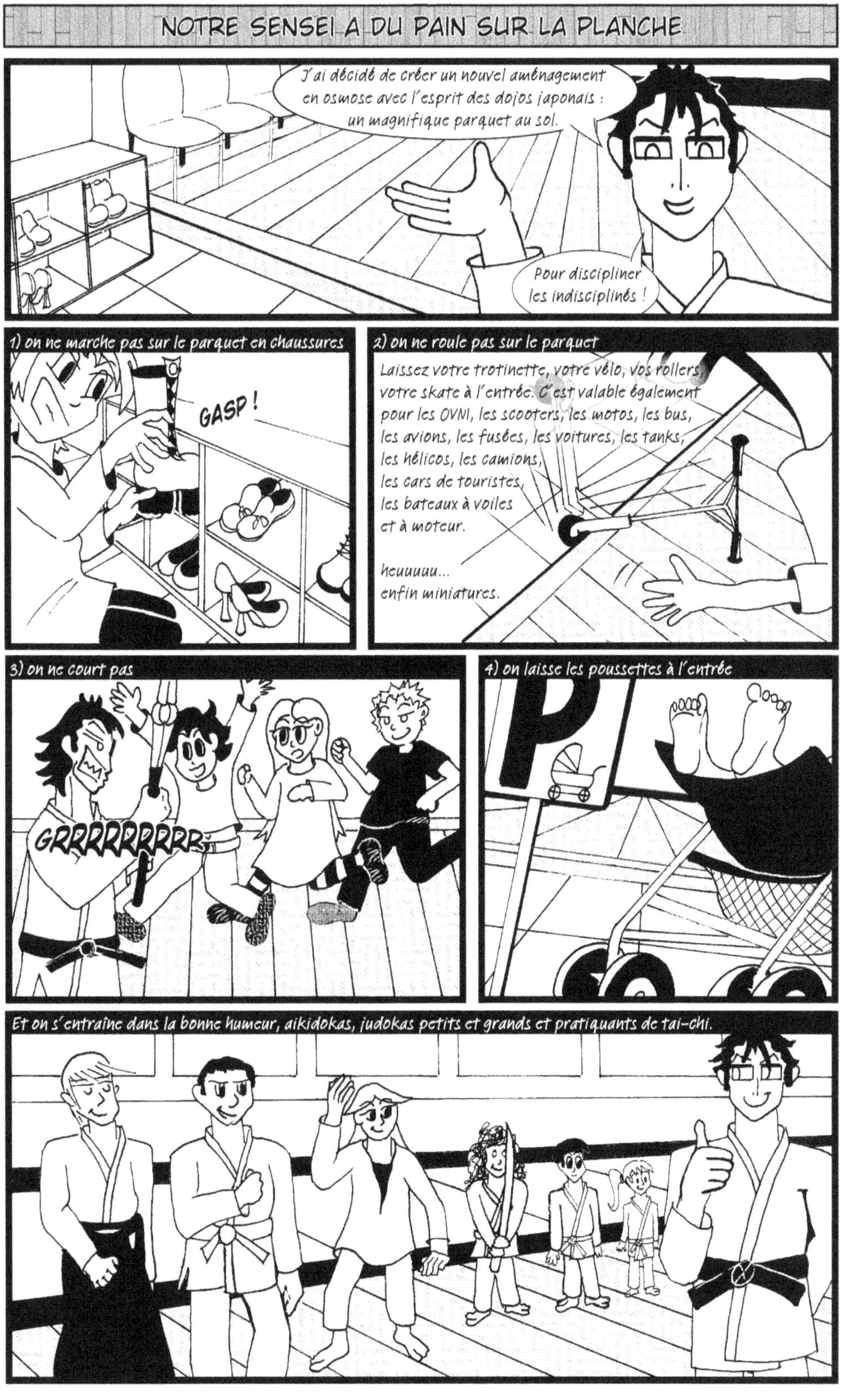
NOTRE SENSEI A DU PAIN SUR LA PLANCHE
J'ai décidé de créer un nouvel aménagement en osmose avec l'esprit des dojos japonais : un magnifique parquet au sol.
Pour discipliner les indisciplinés !
1) on ne marche pas sur le parquet en chaussures
GASP !
2) on ne roule pas sur le parquet
Laissez votre trotinette, votre vélo, vos rollers, votre skate à l'entrée. C'est valable également pour les OVNI, les scooters, les motos, les bus, les avions, les fusées, les voitures, les tanks, les hélicos, les camions, les cars de touristes, les bateaux à voiles et à moteur.
heuuuuu... enfin miniatures.
3) on ne court pas
GRRRRRRRRR
4) on laisse les poussettes à l'entrée
P
Et on s'entraîne dans la bonne humeur, aikidokas, judokas petits et grands et pratiquants de tai-chi.

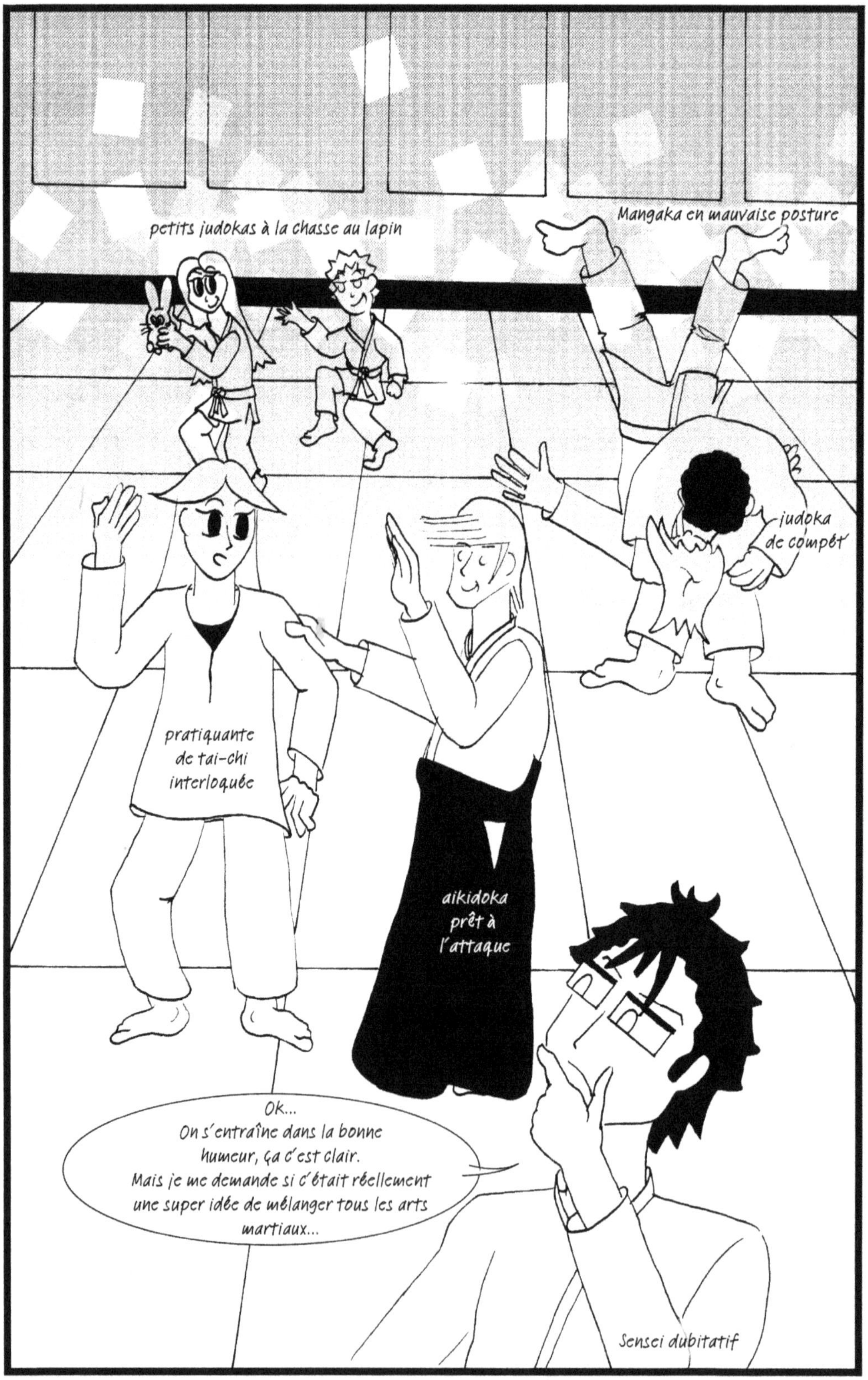
petits judokas à la chasse au lapin
Mangaka en mauvaise posture
judoka de compét'
pratiquante de tai-chi interloquée
aikidoka prêt à l'attaque
Ok... On s'entraîne dans la bonne humeur, ça c'est clair. Mais je me demande si c'était réellement une super idée de mélanger tous les arts martiaux...
Sensei dubitatif

Dan-ation

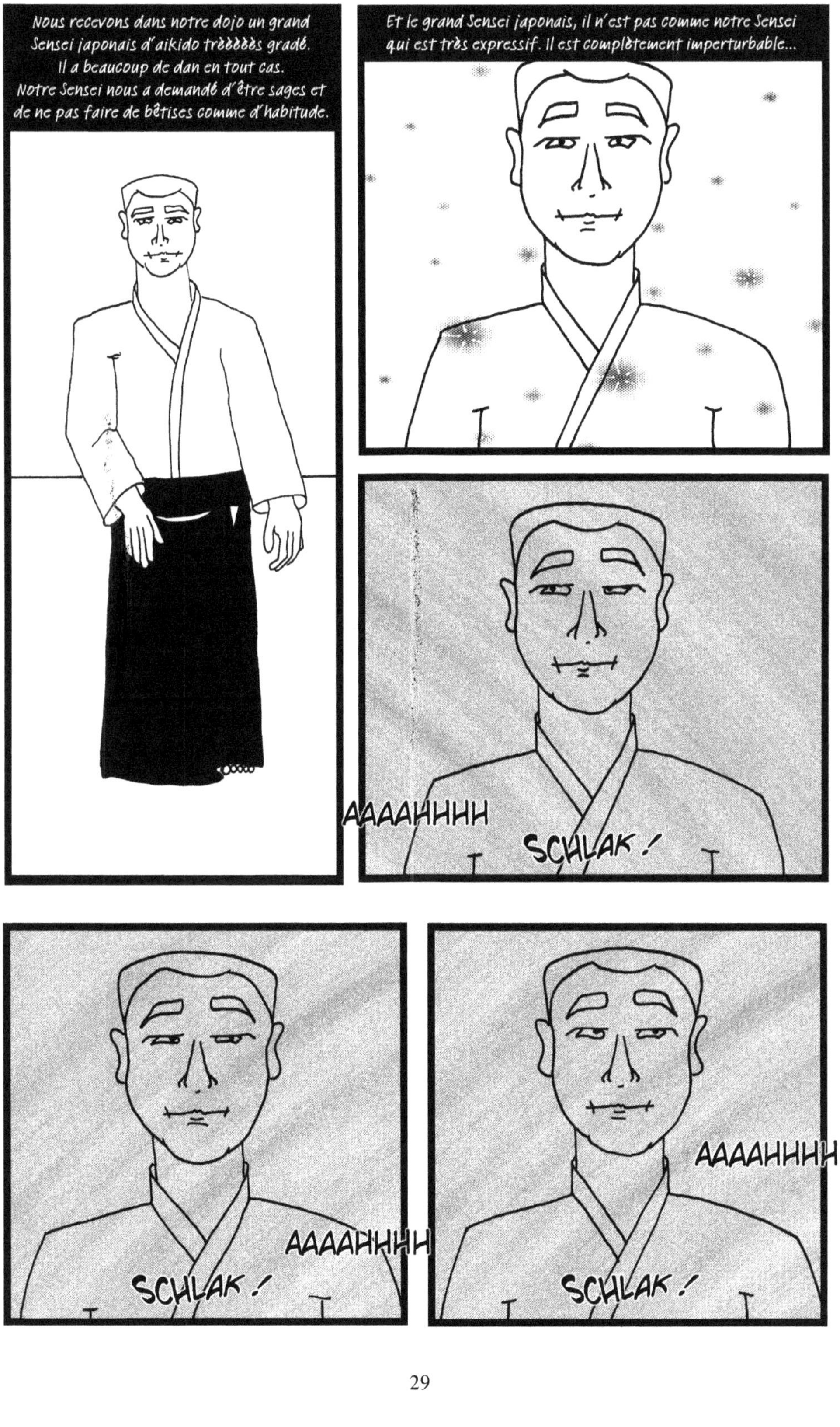
Nous recevons dans notre dojo un grand Sensei japonais d'aikido trèèèèès gradé. Il a beaucoup de dan en tout cas. Notre Sensei nous a demandé d'être sages et de ne pas faire de bêtises comme d'habitude.
Et le grand Sensei japonais, il n'est pas comme notre Sensei qui est très expressif. Il est complètement imperturbable...
AAAAHHHH
SCHLAK !
AAAAHHHH
SCHLAK !
AAAAHHHH
SCHLAK !

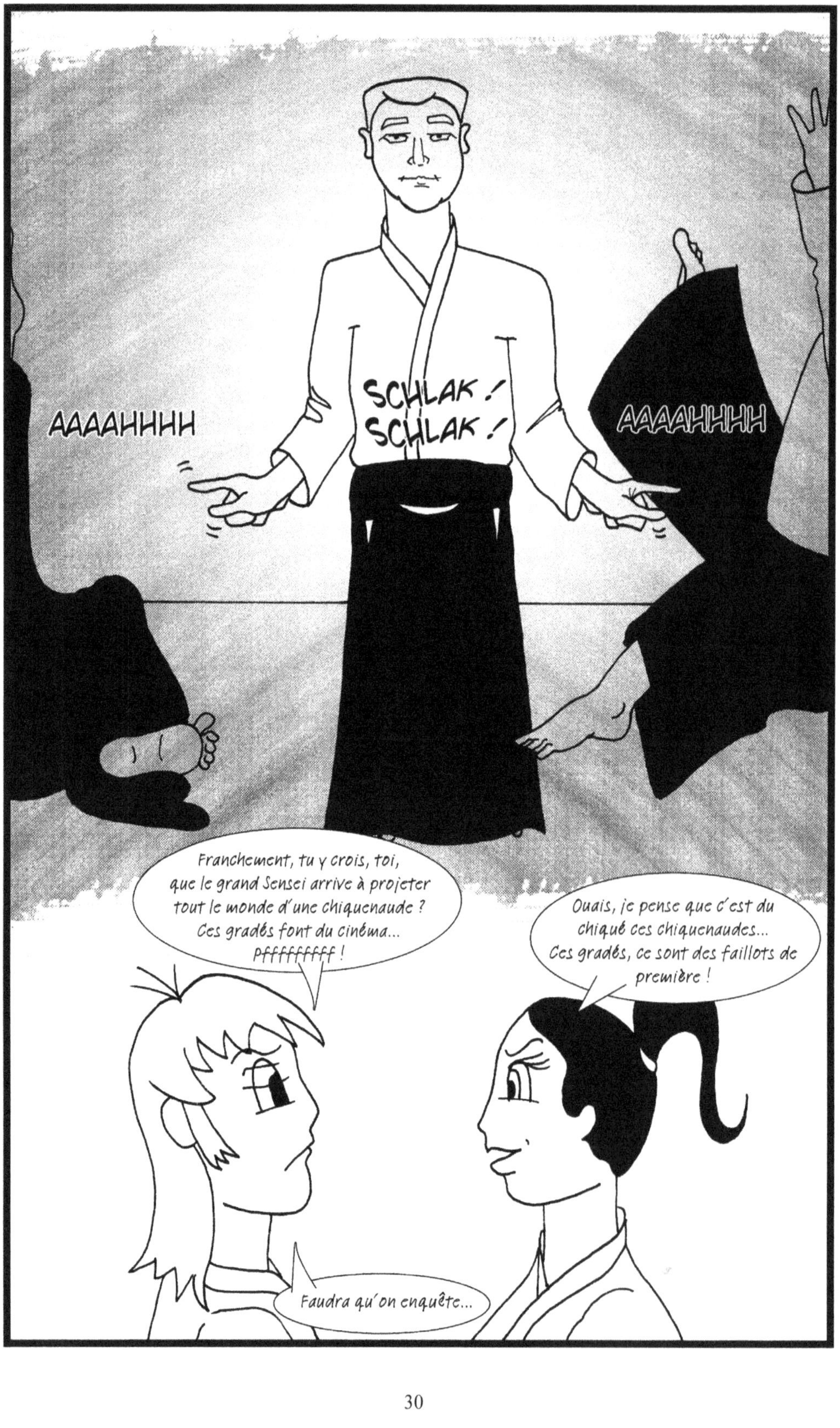
AAAAHHHH
SCHLAK ! SCHLAK !
AAAAHHHH
Franchement, tu y crois, toi, que le grand Sensei arrive à projeter tout le monde d'une chiquenaude ? Ces gradés font du cinéma... Pffffffffff !
Ouais, je pense que c'est du chiqué ces chiquenaudes... Ces gradés, ce sont des faillots de première !
Faudra qu'on enquête...

Dan-action

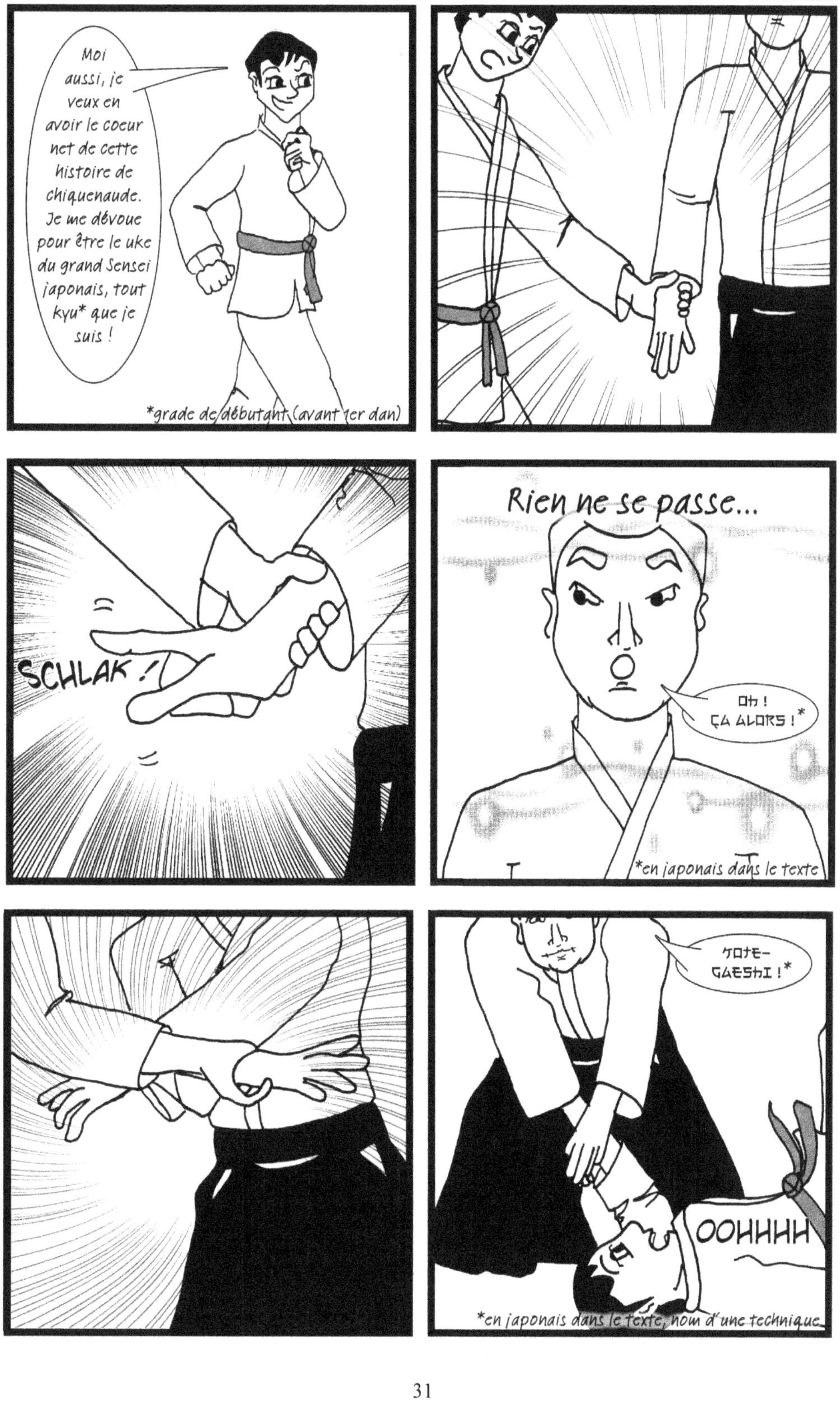

Moi aussi, je veux en avoir le coeur net de cette histoire de chiquenaude. Je me dévoue pour être le uke du grand Sensei japonais, tout kyu* que je suis !
*grade de débutant (avant 1er dan)
SCHLAK !
Rien ne se passe...
OH ! ÇA ALORS !*
*en japonais dans le texte
KOTE-GAESHI !*
OOHHHH
*en japonais dans le texte, nom d'une technique.

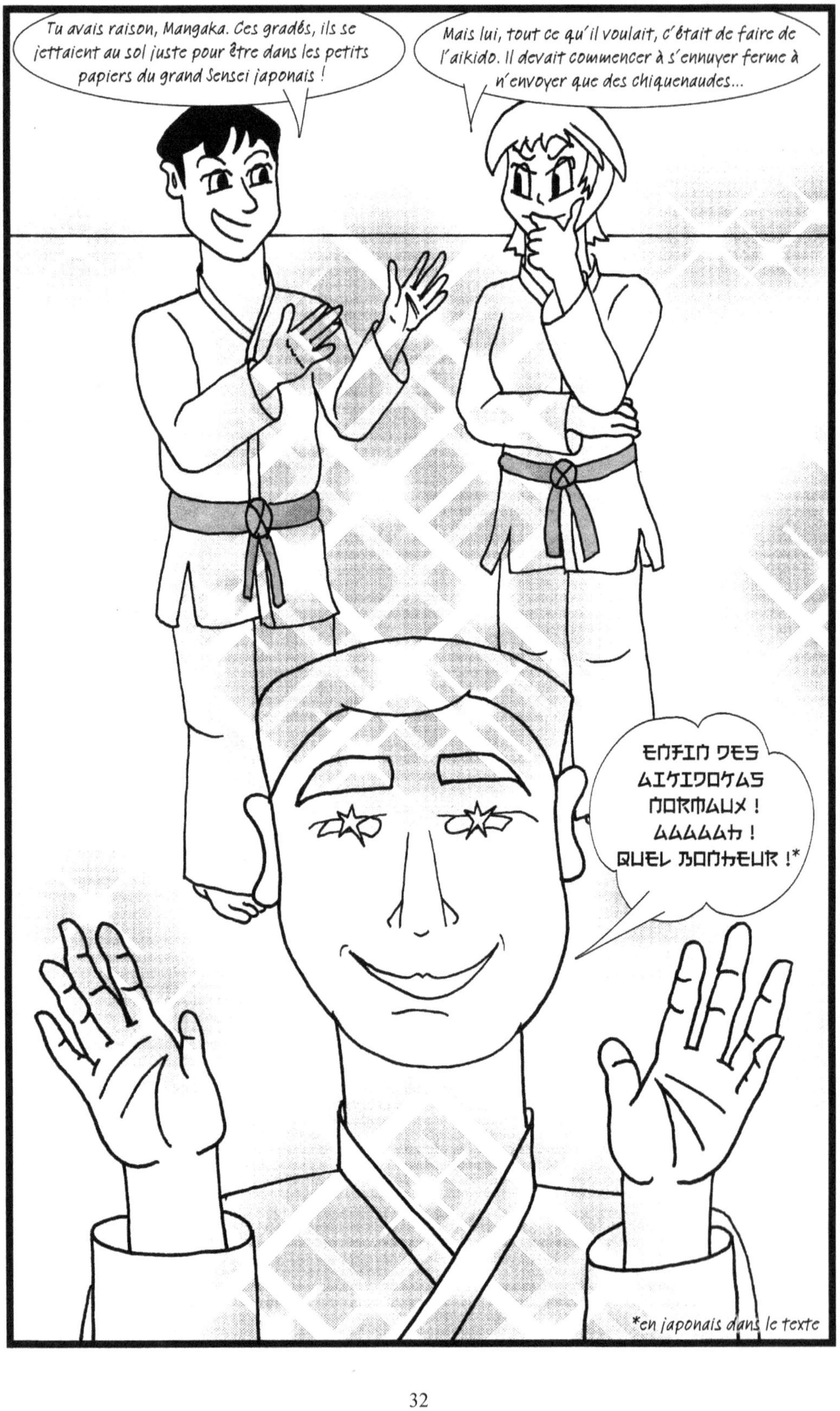
Tu avais raison, Mangaka. Ces gradés, ils se jettaient au sol juste pour être dans les petits papiers du grand Sensei japonais !
Mais lui, tout ce qu'il voulait, c'était de faire de l'aikido. Il devait commencer à s'ennuyer ferme à n'envoyer que des chiquenaudes...
ENFIN DES AIKIDOKAS NORMAUX ! AAAAAH ! QUEL BONHEUR !*
*en japonais dans le texte

Tel est pris qui croyait prendre

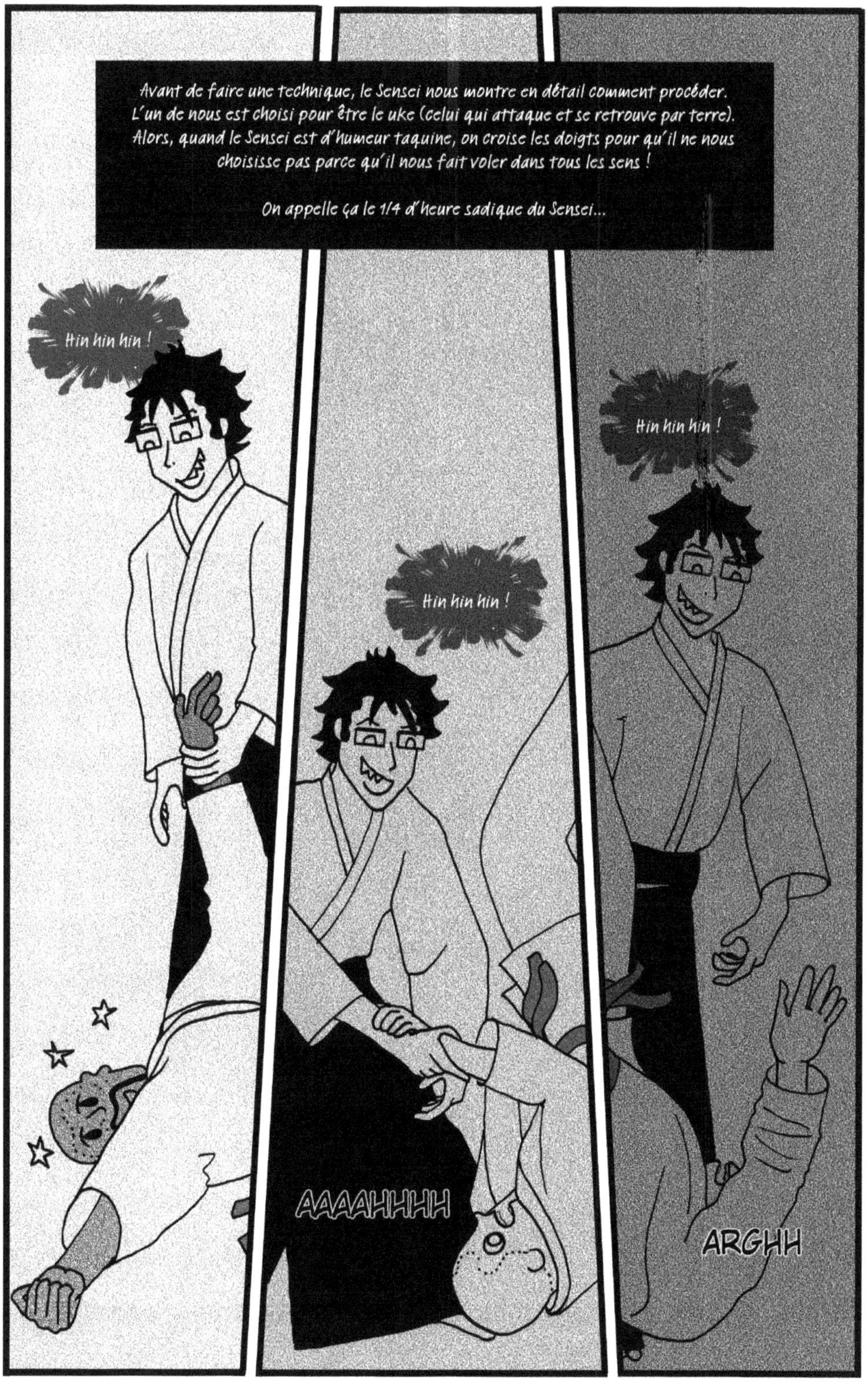
Avant de faire une technique, le Sensei nous montre en détail comment procéder. L'un de nous est choisi pour être le uke (celui qui attaque et se retrouve par terre). Alors, quand le Sensei est d'humeur taquine, on croise les doigts pour qu'il ne nous choisisse pas parce qu'il nous fait voler dans tous les sens !
On appelle ça le 1/4 d'heure sadique du Sensei...
Hin hin hin !
Hin hin hin !
AAAAHHHH
Hin hin hin !
ARGHH

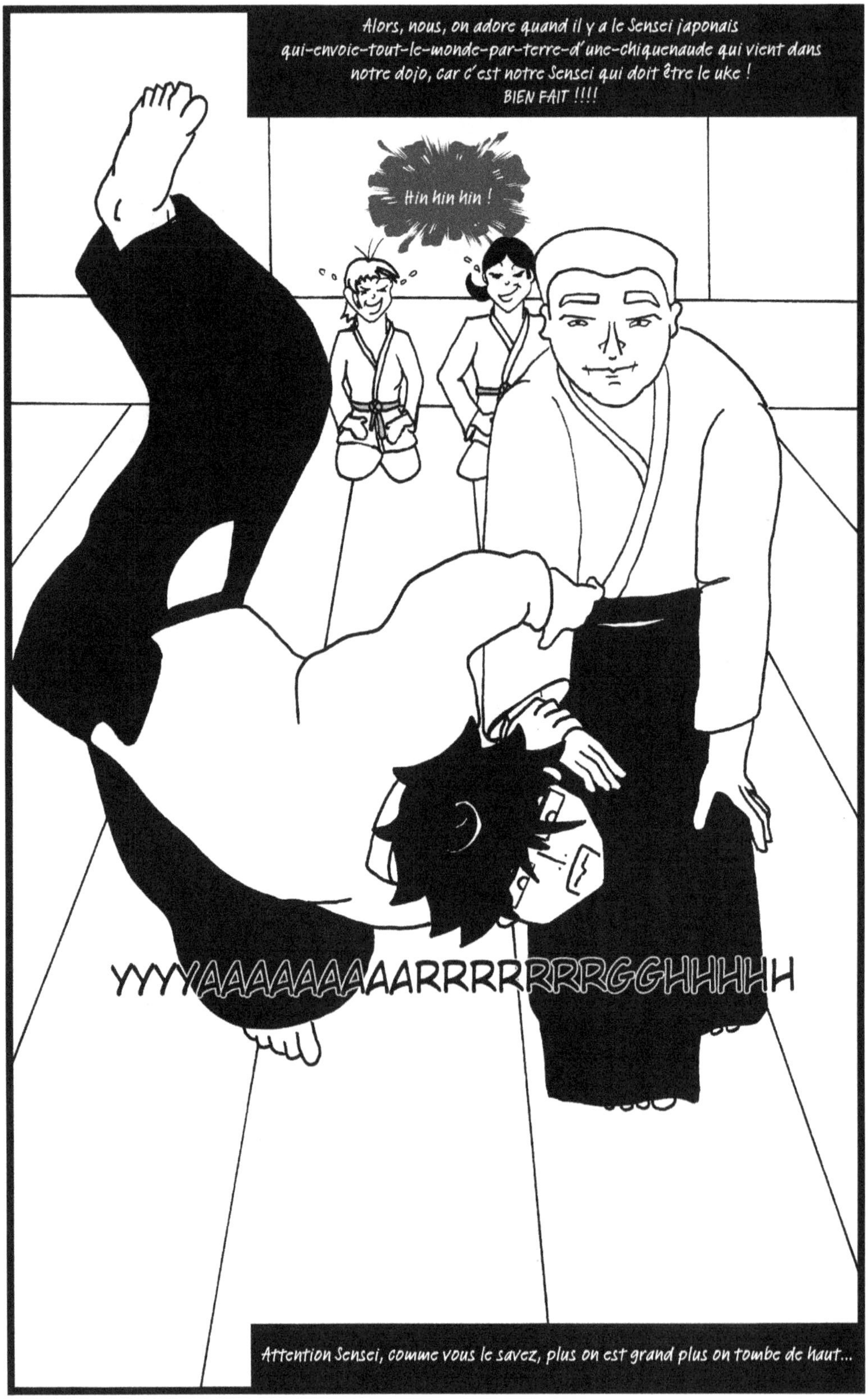
Alors, nous, on adore quand il y a le Sensei japonais qui-envoie-tout-le-monde-par-terre-d'une-chiquenaude qui vient dans notre dojo, car c'est notre Sensei qui doit être le uke !
BIEN FAIT !!!!
Hin hin hin !
YYYYAAAAAAAAARRRRRRRGGHHHHH
Attention Sensei, comme vous le savez, plus on est grand plus on tombe de haut...

Chaud, froid

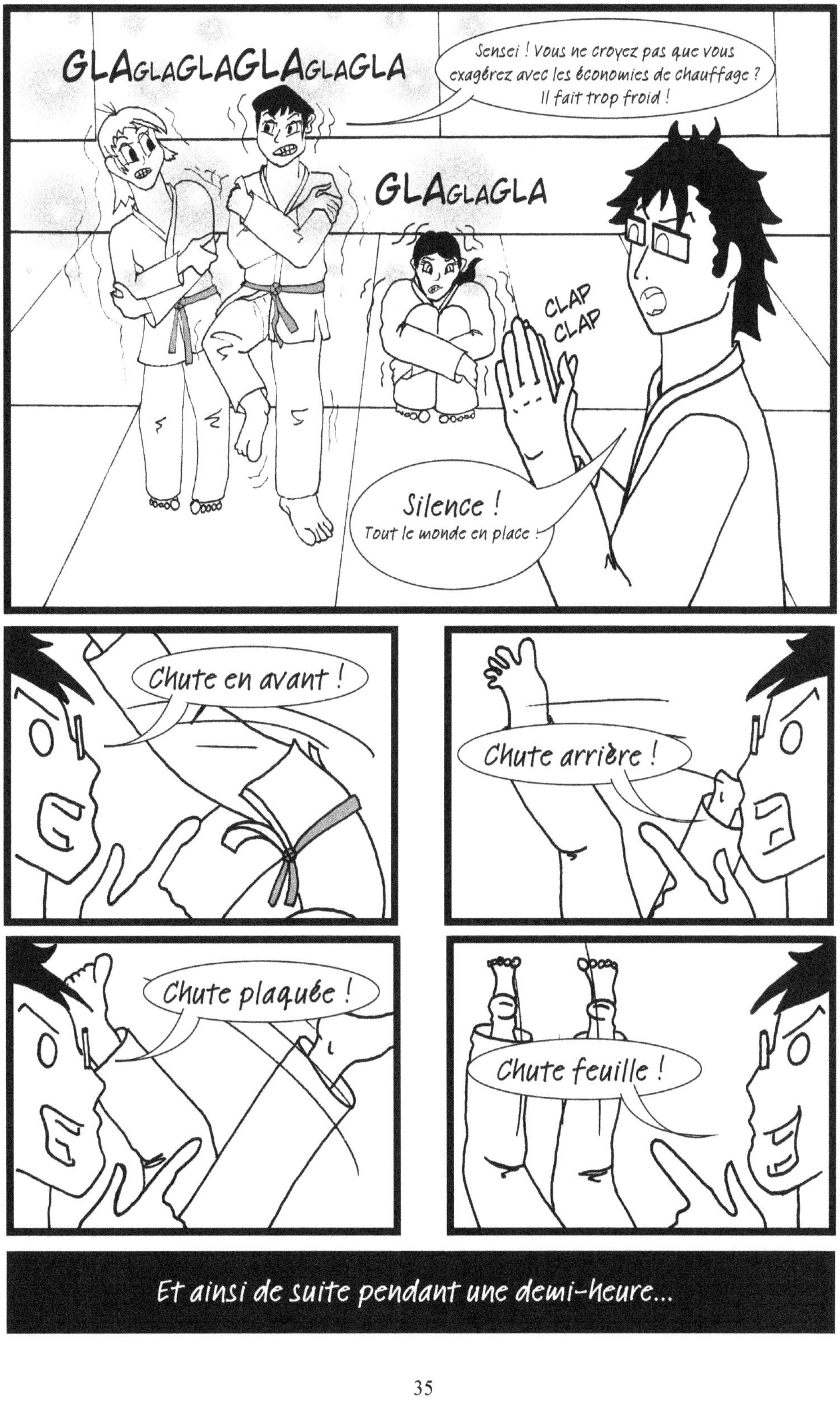
GLAGLAGLAGLAGLAGLA
Sensei ! Vous ne croyez pas que vous exagérez avec les économies de chauffage ? Il fait trop froid !
GLAGLAGLA
CLAP CLAP
Silence !
Tout le monde en place !
Chute en avant !
Chute arrière !
Chute plaquée !
Chute feuille !
Et ainsi de suite pendant une demi-heure...

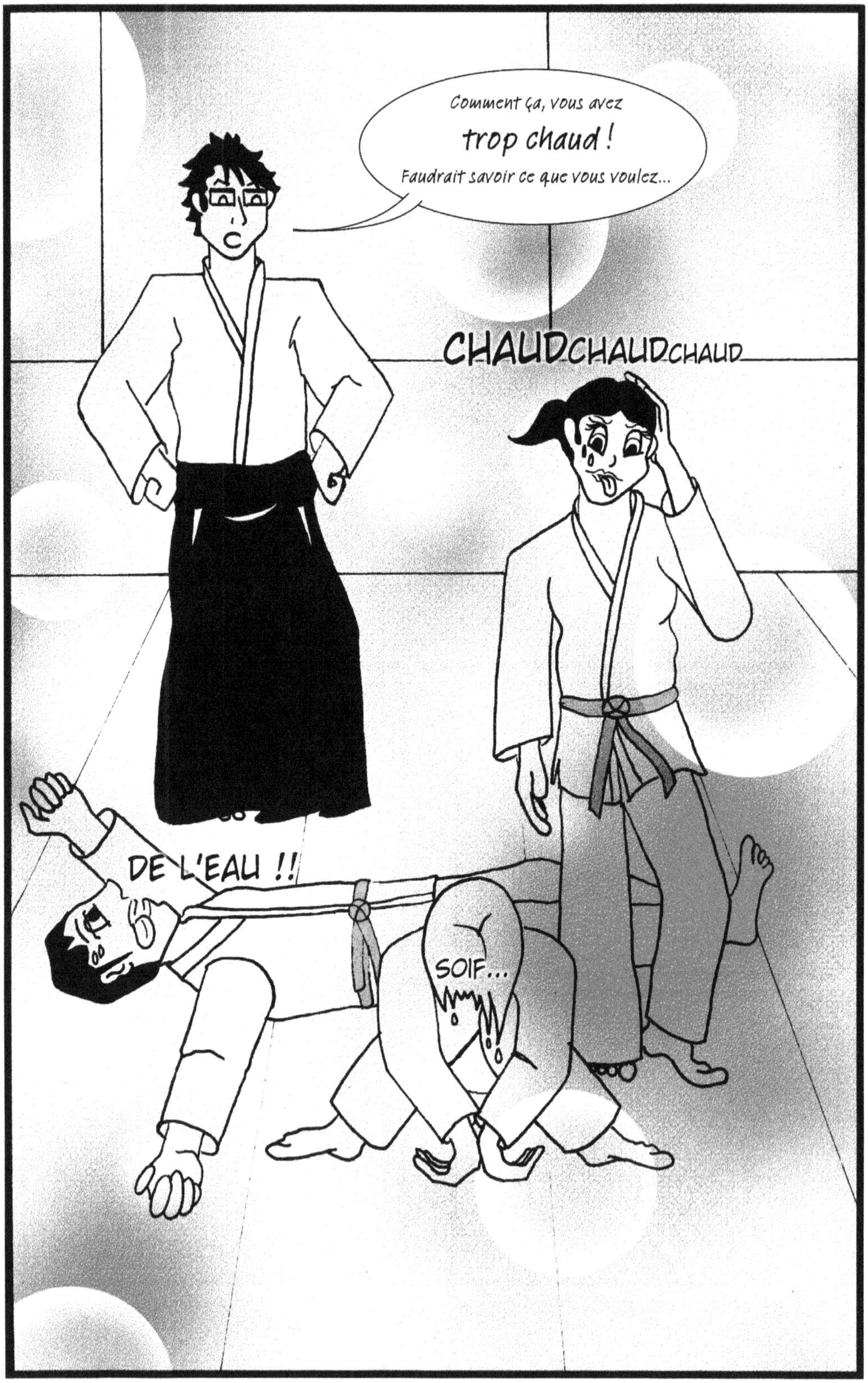
Comment ça, vous avez
trop chaud !
Faudrait savoir ce que vous voulez...
CHAUDCHAUDCHAUD
DE L'EAU !!
SOIF...

Pas d'hakama, pas d'aikidoka

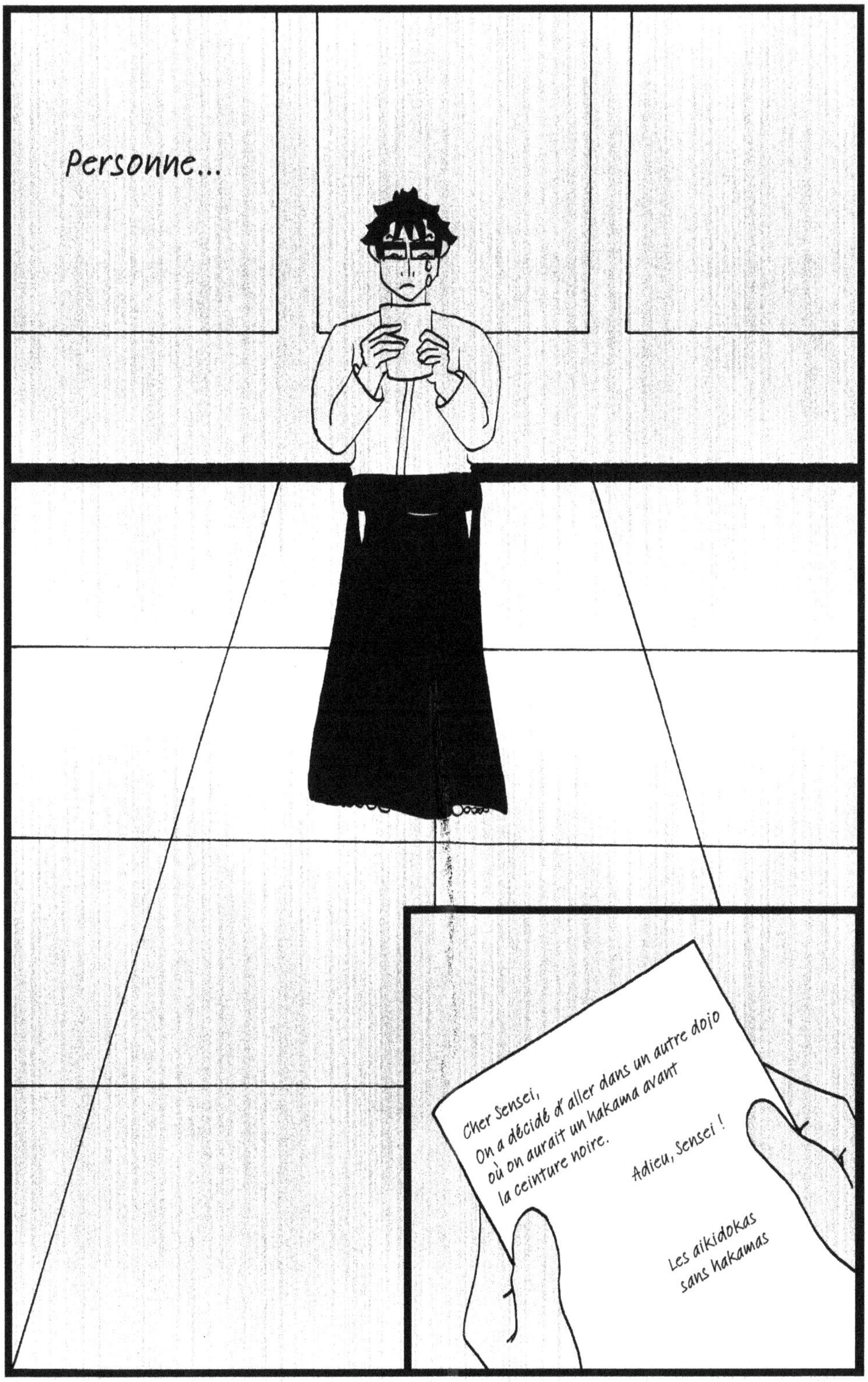

Personne...
Cher Sensei,
On a décidé d'aller dans un autre dojo
où on aurait un hakama avant
la ceinture noire.
Adieu, Sensei !
Les aikidokas
sans hakamas

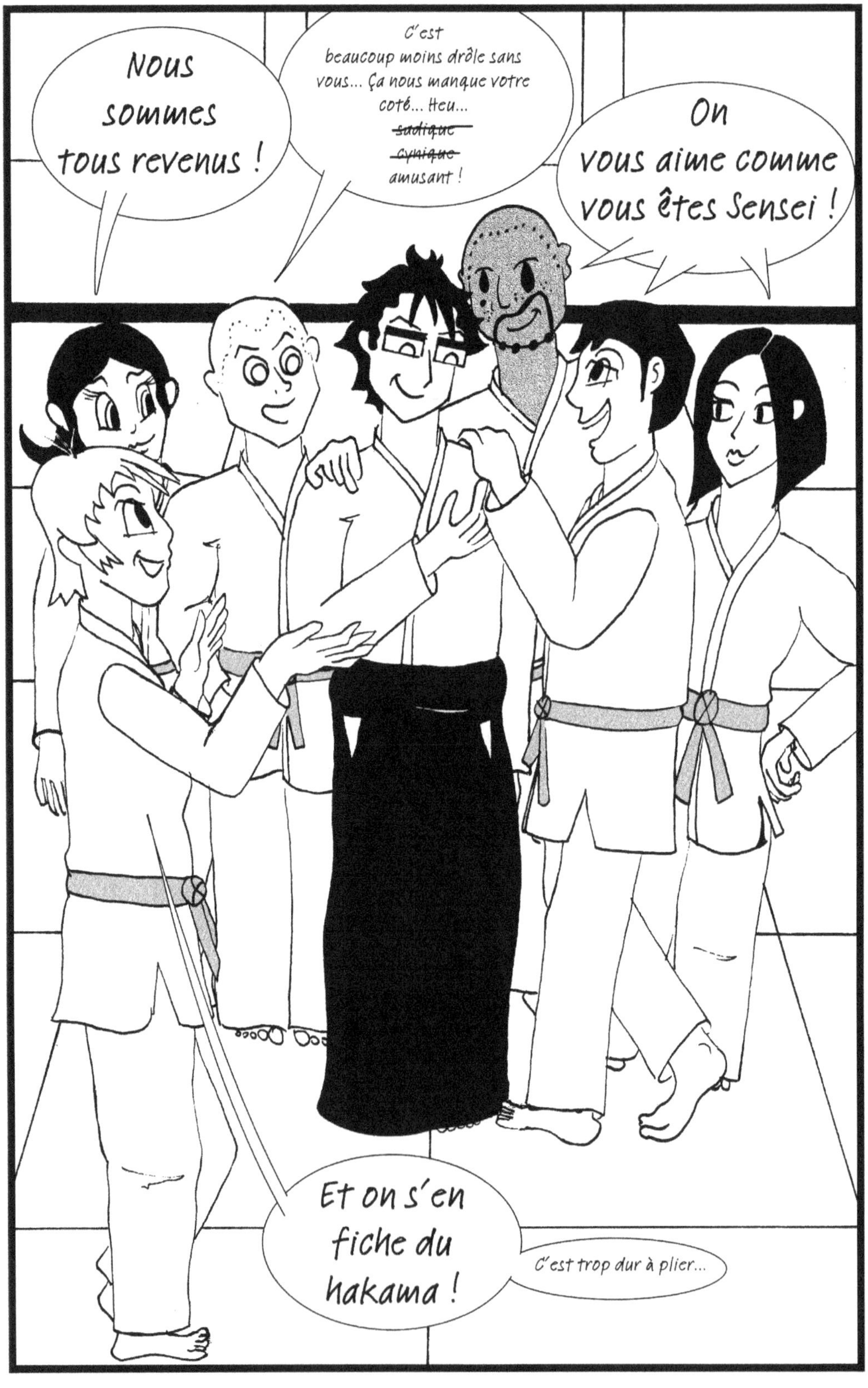
Nous sommes tous revenus !
C'est beaucoup moins drôle sans vous... Ça nous manque votre coté... Heu... ~~sadique~~ ~~cynique~~ amusant !
On vous aime comme vous êtes Sensei !
Et on s'en fiche du hakama !
C'est trop dur à plier...

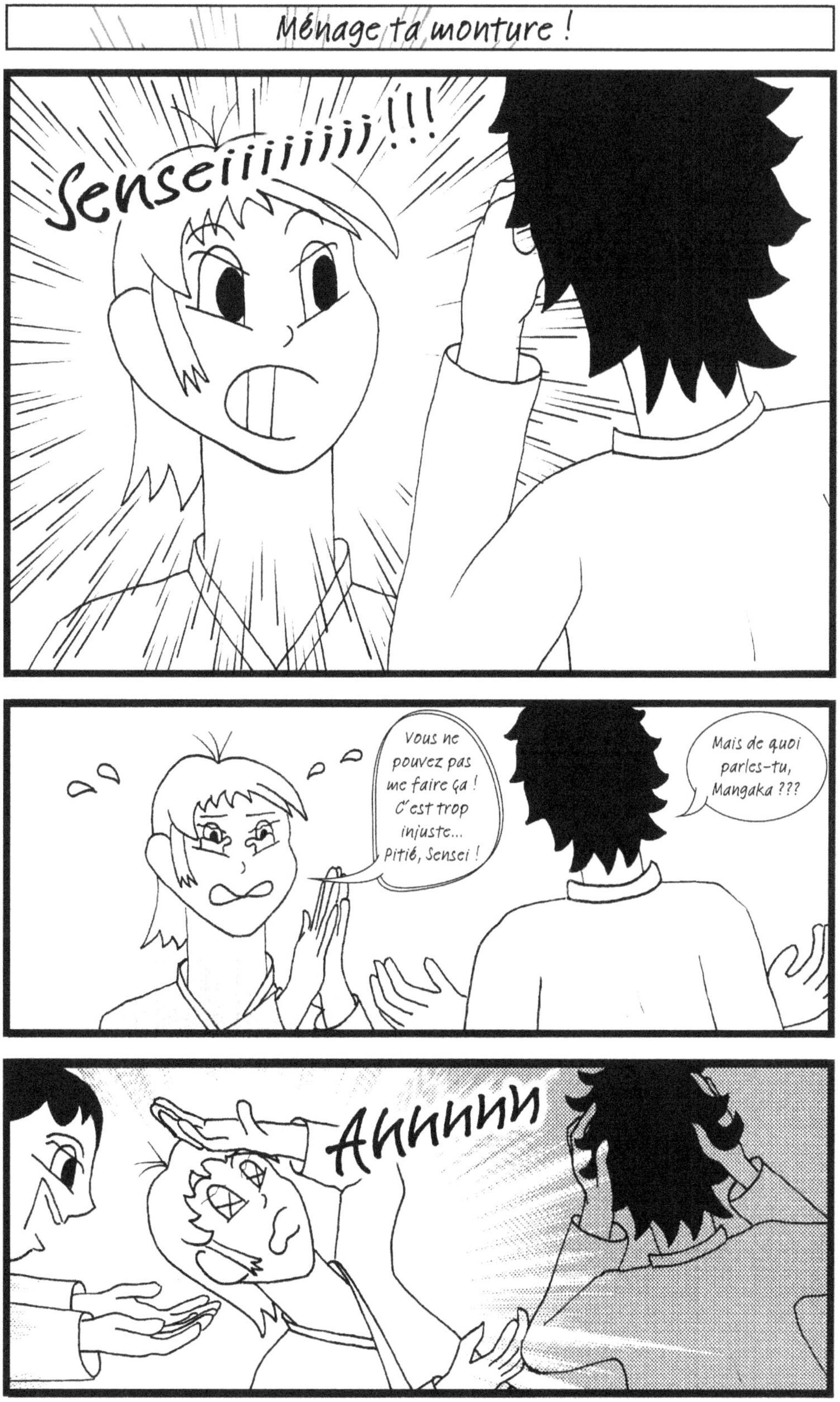
Ménage ta monture !
Senseiiiiiiii !!!
Vous ne pouvez pas me faire ça ! C'est trop injuste... Pitié, Sensei !
Mais de quoi parles-tu, Mangaka ???
Ahhhhh

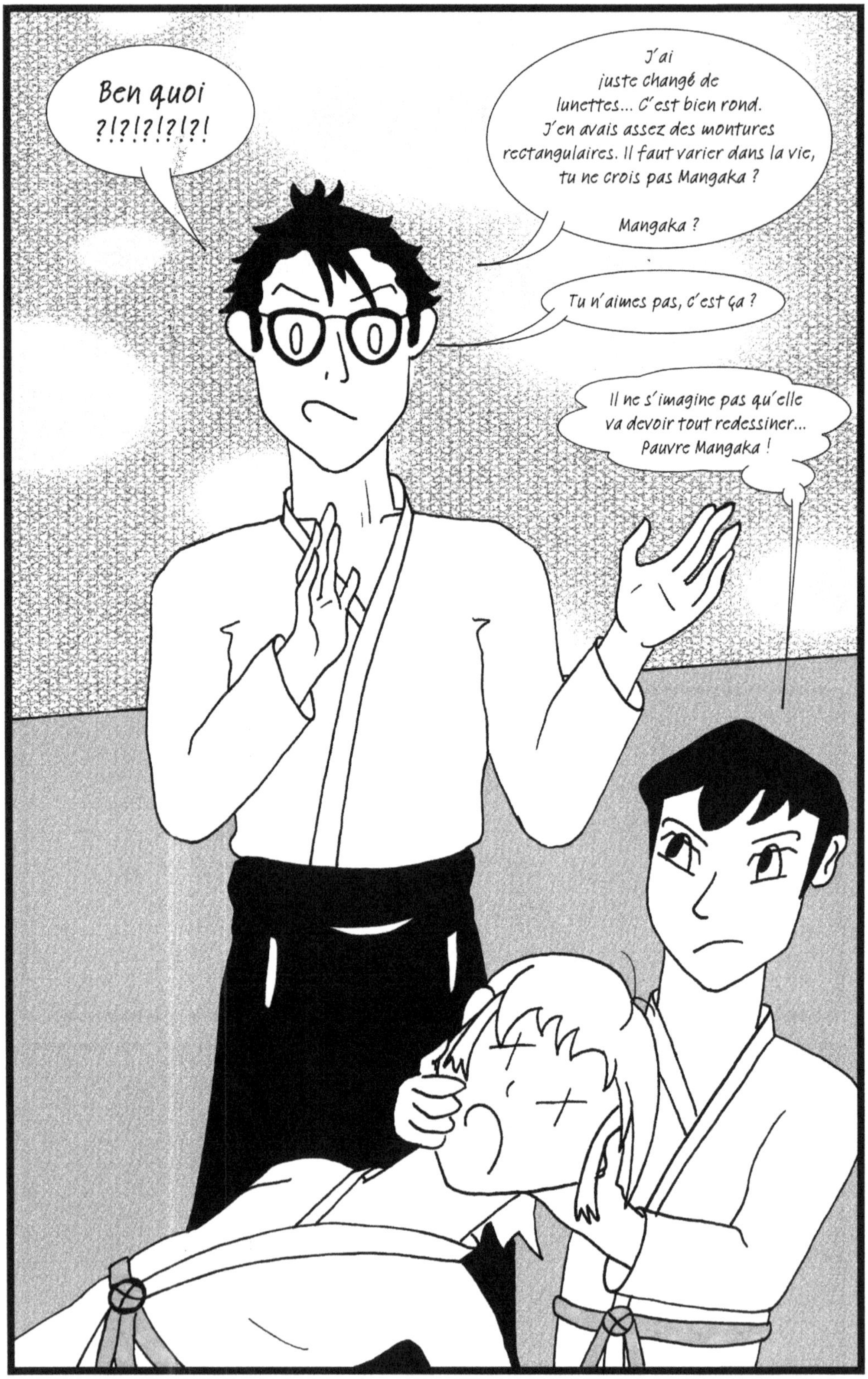
Ben quoi ?!?!?!?!?!
J'ai juste changé de lunettes... C'est bien rond. J'en avais assez des montures rectangulaires. Il faut varier dans la vie, tu ne crois pas Mangaka ?
Mangaka ?
Tu n'aimes pas, c'est ça ?
Il ne s'imagine pas qu'elle va devoir tout redessiner... Pauvre Mangaka !

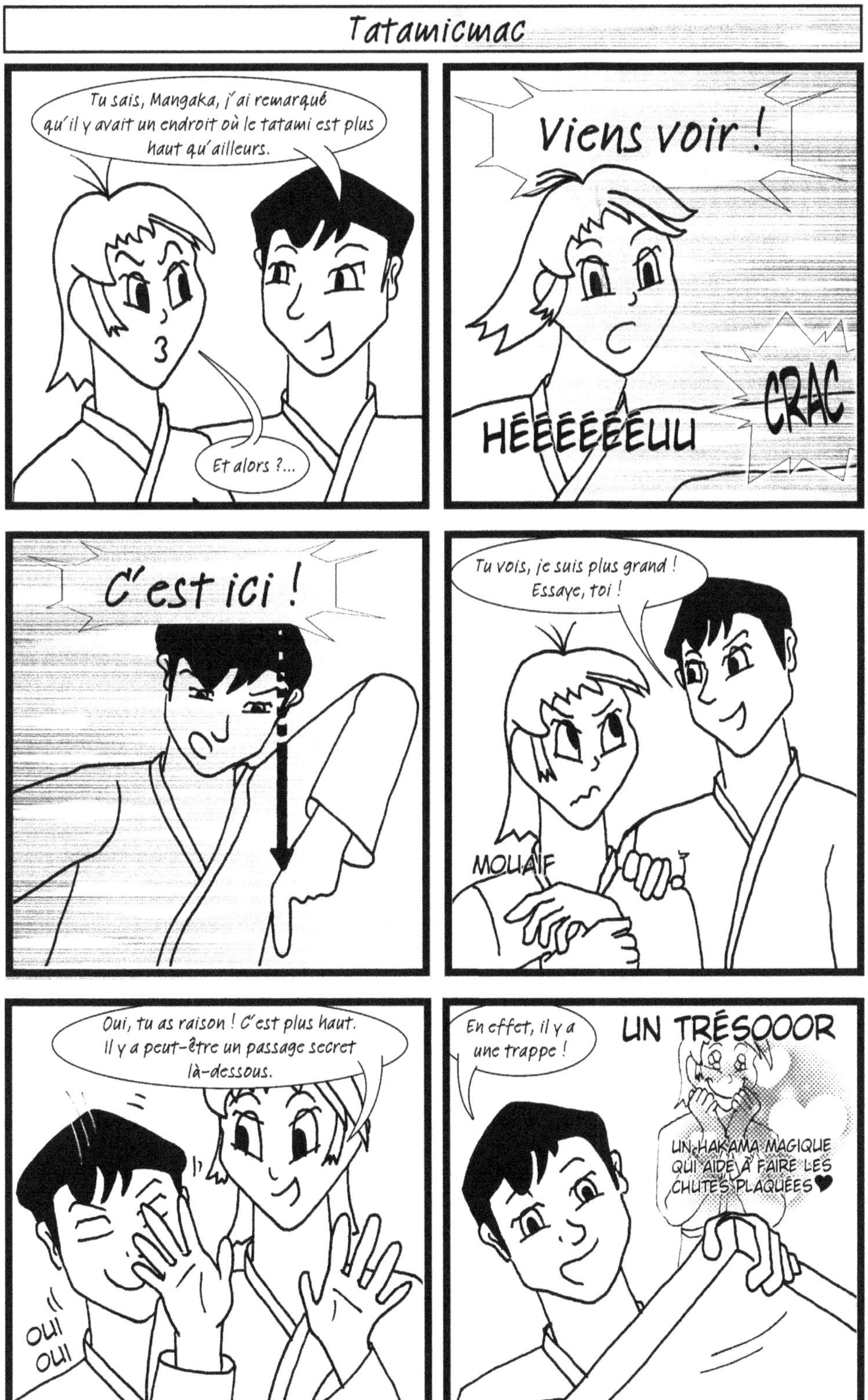
Tatamicmac
Tu sais, Mangaka, j'ai remarqué qu'il y avait un endroit où le tatami est plus haut qu'ailleurs.
Et alors ?...
Viens voir !
HÉÉÉÉÉÉUU
CRAC
C'est ici !
Tu vois, je suis plus grand ! Essaye, toi !
MOUAIF
Oui, tu as raison ! C'est plus haut. Il y a peut-être un passage secret là-dessous.
OUI OUI
En effet, il y a une trappe !
UN TRÉSOOOR
UN HAKAMA MAGIQUE QUI AIDE À FAIRE LES CHUTES PLAQUÉES

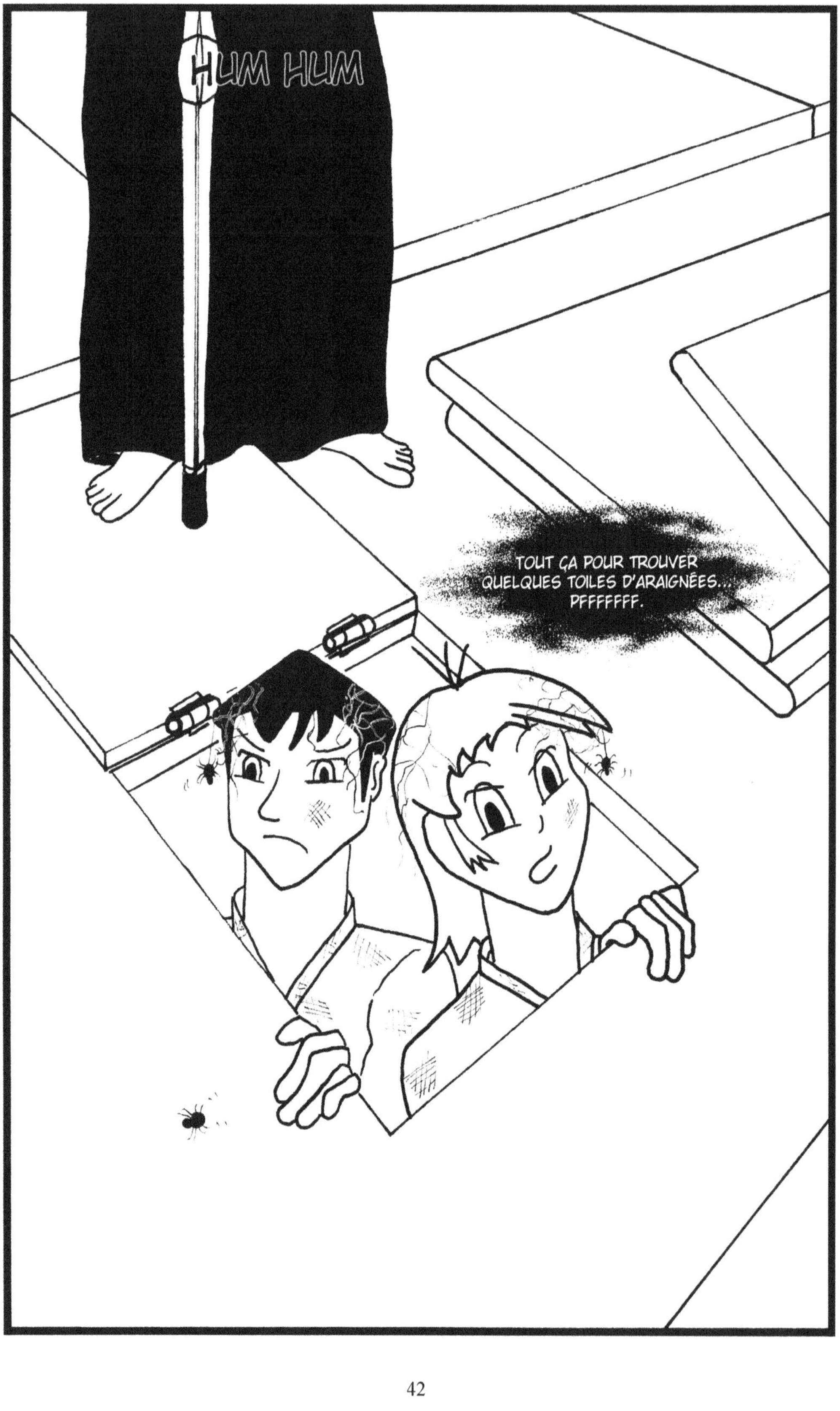
HUM HUM
TOUT ÇA POUR TROUVER
QUELQUES TOILES D'ARAIGNÉES...
PFFFFFFF.

De pied en cape

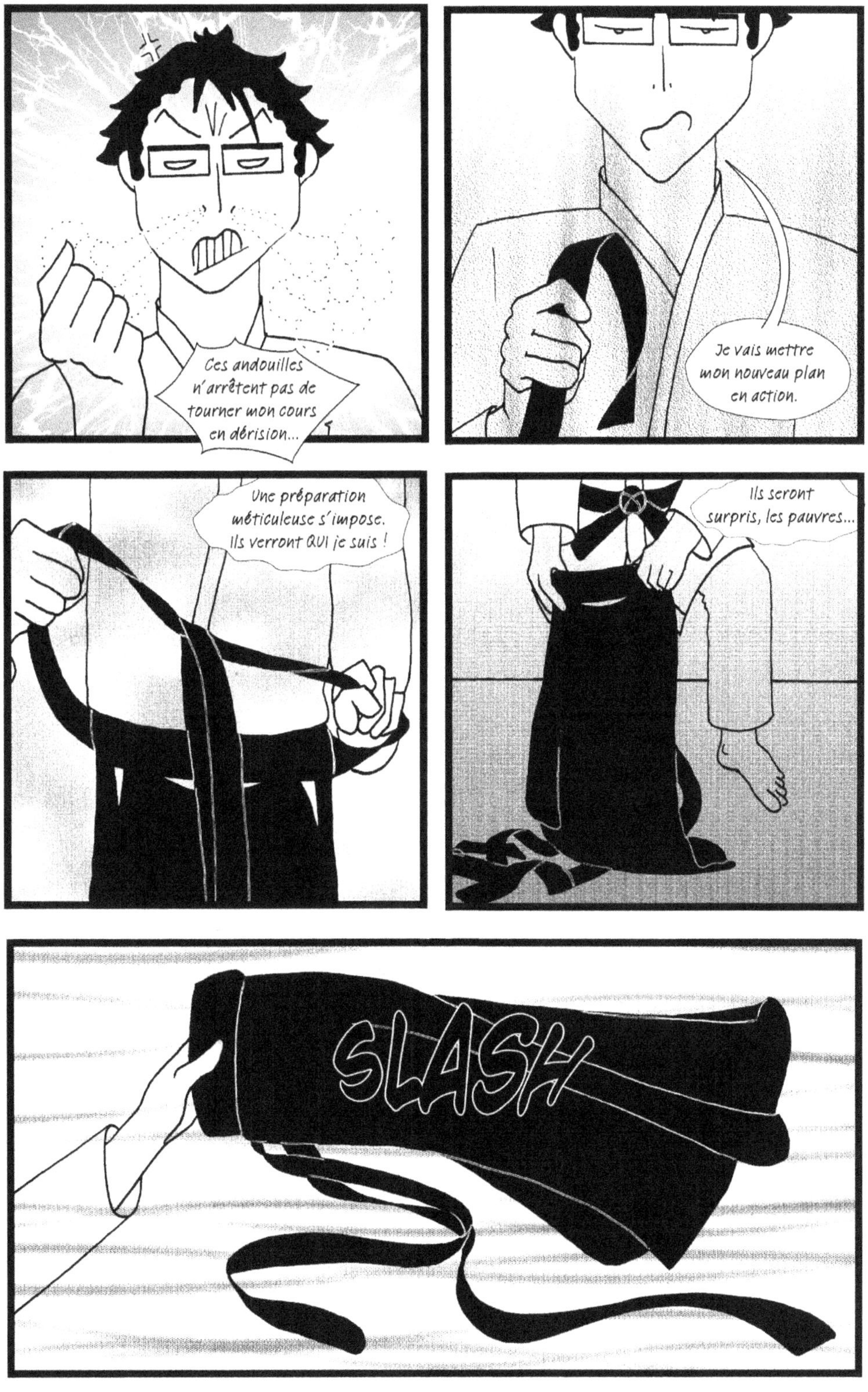

Ces andouilles n'arrêtent pas de tourner mon cours en dérision...
Je vais mettre mon nouveau plan en action.
Une préparation méticuleuse s'impose. Ils verront QUI je suis !
Ils seront surpris, les pauvres...
SLASH

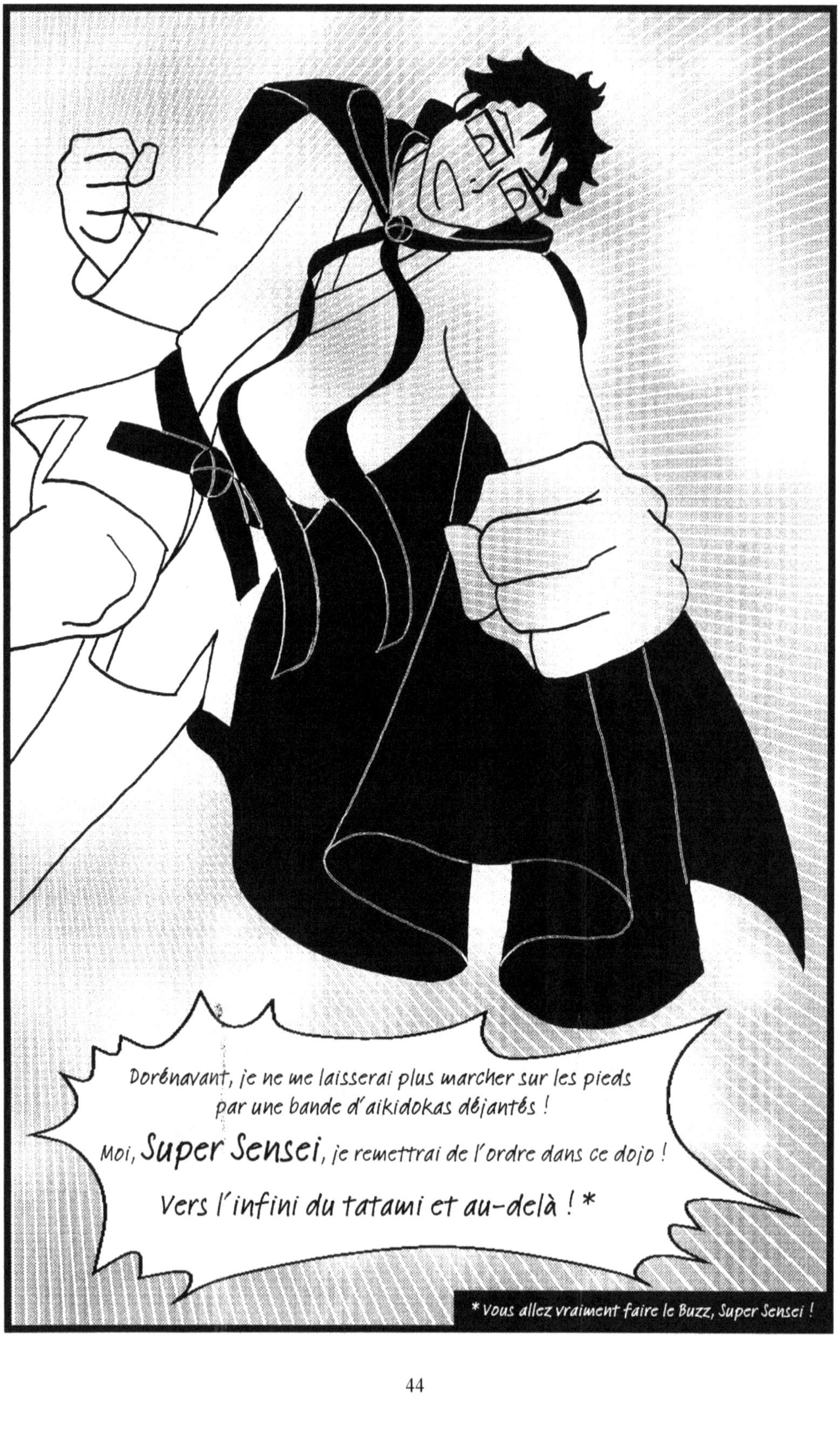
Dorénavant, je ne me laisserai plus marcher sur les pieds
par une bande d'aikidokas déjantés !
Moi, Super Sensei, je remettrai de l'ordre dans ce dojo !
Vers l'infini du tatami et au-delà ! *
* Vous allez vraiment faire le Buzz, Super Sensei !

Bonus

Dessine la tête d'un ou d'une aikidoka qui vient d'arriver au dojo.

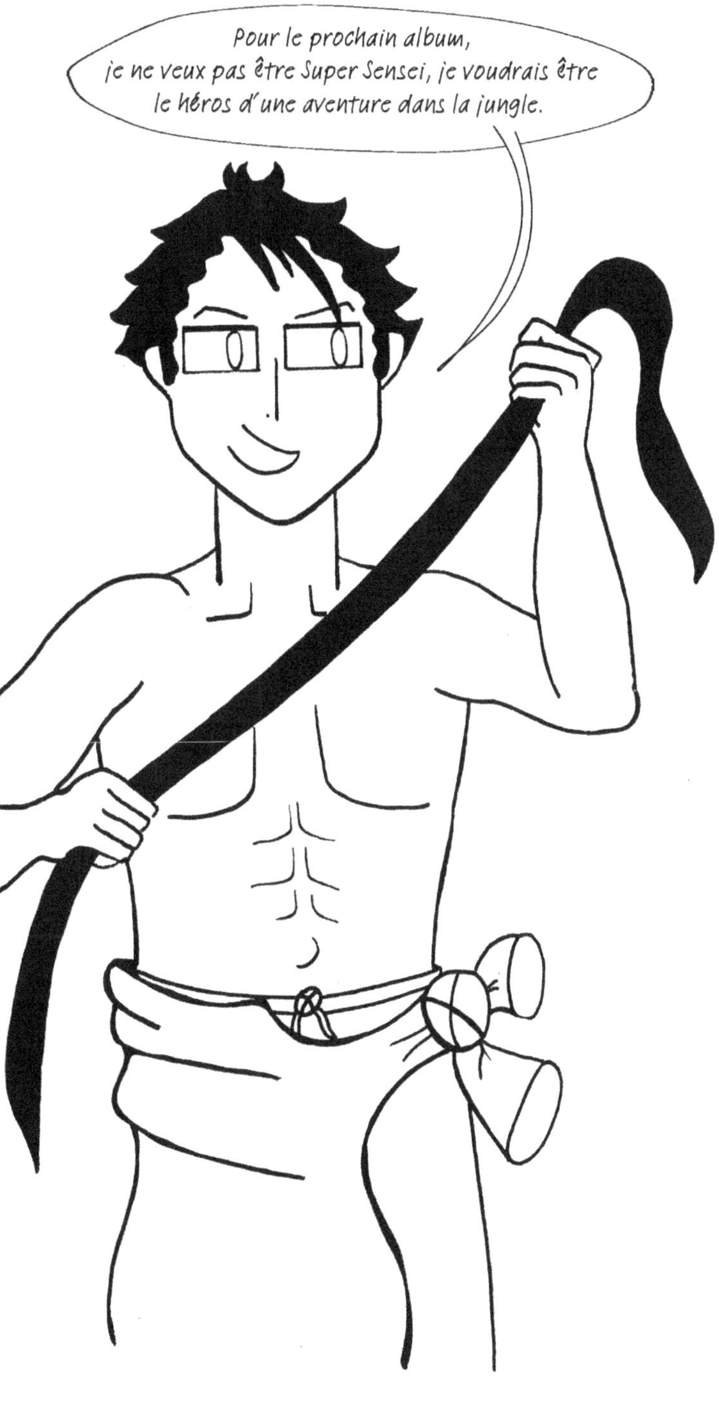
Pour le prochain album,
je ne veux pas être Super Sensei, je voudrais être
le héros d'une aventure dans la jungle.

www.ingramcontent.com/pod-product-compliance
Lightning Source LLC
Chambersburg PA
CBHW081350040426
42450CB00015B/3388